CHRESTOMATHIE ÉGYPTIENNE.

F. VIEWEG, LIBRAIRE-ÉDITEUR

(LIBRAIRIE A. FRANCK),

RUE RICHELIEU, N° 67.

CHRESTOMATHIE ÉGYPTIENNE

PAR

M. LE VICOMTE DE ROUGÉ.

QUATRIÈME FASCICULE.

LA STÈLE DU ROI ÉTHIOPIEN PIANKHI-MERIAMEN.

PARIS.

IMPRIMERIE NATIONALE.

M DCCC LXXVI.

AVANT-PROPOS.

Vers le milieu de l'année 1863, mon père reçut de M. Mariette la copie d'une longue inscription hiéroglyphique provenant des fouilles du Gebel Barkal; M. Mariette accompagnait cet envoi d'une lettre [1], dans laquelle, après avoir esquissé les résultats historiques qu'il croyait devoir tirer à première vue de ce texte si important, il priait M. de Rougé d'en entreprendre, si cela était possible, une traduction complète. Il faut rappeler, en effet, que ce travail était rendu très-difficile par l'état presque informe de la copie, due à la main inexpérimentée du surveillant arabe des fouilles. Mon père se mit aussitôt à l'œuvre et fit paraître peu de temps après le résultat de son travail dans un article de la *Revue archéologique* [2], intitulé : *Inscription historique du roi Pianchi-Meriamoun*. Lors de son séjour en Égypte, qui eut lieu la même année, il espérait bien trouver au musée de Boulaq le monument lui-même et pouvoir, après en avoir collationné le texte, compléter sa traduction; mais des retards malencontreux, survenus dans le transport lointain et difficile des lourds blocs de granit envoyés du Gebel Barkal, ne lui permirent pas de voir la stèle de Piankhi avant son départ pour la France. Ce ne fut que longtemps après qu'il put se livrer à une étude nouvelle sur des

[1] Cette lettre a été publiée dans la *Revue archéolog.* 1863, part. I, p. 413.

[2] *Revue archéologique*, 1863, part. II, p. 94.

empreintes communiquées par M. Devéria, au moment où M. Mariette publiait le texte complet des différentes stèles sorties des fouilles du Gebel Barkal. Mon père, alors en possession d'un texte correct, entreprit, à son cours du Collége de France, une explication mot à mot de la stèle de Piankhi. Auditeur assidu de ces leçons précieuses, je recueillais avec soin les remarques si variées que lui suggérait la traduction successive des différents passages. C'est le fruit de ces leçons que je viens offrir aujourd'hui aux amis de la science égyptologique.

Le cours de l'année 1872 avait conduit l'explication du texte jusqu'à la ligne 97; la chaire du Collége de France ne devait plus revoir notre cher maître enlevé à l'affection de tous vers la fin de la même année. C'est, en grande partie, à l'aide des notes préparées par lui-même que j'ai pu achever la traduction de cette inscription, qui a jeté un jour tout nouveau sur une période encore bien obscure de l'histoire d'Égypte.

M. Lauth a fait paraître, dans le cours de l'année 1869, une courte étude sur le texte de Piankhi, et, l'année suivante, il entreprit une traduction suivie, publiée dans les *Mémoires de l'Académie de Bavière*. J'aurai soin de signaler les points les plus importants sur lesquels M. Lauth se trouve en désaccord avec la traduction que je public aujourd'hui. J'ai tenu, dans la traduction interlinéaire, à suivre autant que possible le mot à mot : aussi ai-je ajouté une traduction courante qui permît de mieux suivre la suite du récit. Ce travail manquera de la dernière révision, qu'y eût apportée sans aucun doute celui à qui en revient tout l'honneur, mais j'espère que, tel qu'il est, il pourra encore rendre quelque service à la science.

Vte JACQUES DE ROUGÉ.

LA STÈLE DU ROI ÉTHIOPIEN

PIANKHI-MERIAMEN.

SOMMET DE LA STÈLE.

La partie supérieure de la stèle contient une scène qui représente au centre le dieu Amon-Ra, qualifié : seigneur des trônes du monde, résidant dans *Tu-ab*. *Tu-ab* « la montagne pure » est le nom antique du Gebel Barkal (Napata). Devant le dieu est le roi éthiopien Piankhi, , qui semble, par sa position même, être associé à la divinité : sa figure a été soigneusement martelée. L'inscription qui accompagnait la représentation du roi a également disparu presque en totalité. Derrière Amon se tient la déesse Mut, déesse d'*Ašer*, .

Devant le roi Piankhi se voit une princesse dont le nom est effacé, mais qui doit être *Nestentmeh*, femme du roi Nimrod, et que nous retrouverons dans le récit entourée d'honneurs particuliers. Le roi Nimrod la suit, tenant de la main droite un sistre et amenant un cheval de la main gauche : cette dernière marque de soumission appartient bien plus aux traditions de la race berbère qu'à celles de la race arabe. Nimrod et sa femme sont les seuls qui aient été représentés debout devant Piankhi. Dans un registre inférieur on voit prosternés, l'uræus au front, les trois rois : Osorkon, Uaput et Pefaabast.

Derrière la déesse *Mut* cinq autres personnages sont prosternés : les deux premiers portent le titre de  grand chef des *Ma(šuaš)*. Les *Mašuaš* étaient les descendants des populations libyennes qui s'étaient implantées dans la basse Égypte, et y formaient des colonies militaires. Le premier chef a son nom presque entièrement effacé : il semble, d'après les traces qui en subsistent, qu'on doive y lire le nom de  *Mukanešu*, l'un des principaux chefs révoltés. Derrière lui c'est  *T'atamenafanχ*. Dans le registre inférieur, pour le premier nom, il ne reste que la fin  : il est facile d'y reconnaître le prince Petisis, dont le nom est écrit à la ligne 99 du récit . Puis viennent : 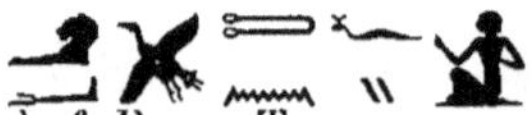 le chef *Petenifi*, et   le chef *Pema*. Tous ces personnages, sauf Petisis, portent une sorte de coiffure plate, particulière aux *Mašuaš* : Petisis est représenté avec la mèche de cheveux pendante sur le côté, parce qu'il était *erpa*, prince héritier.

Nous retrouverons tous ces chefs dans le cours du récit de l'expédition de Piankhi; nous aurons alors l'occasion de les étudier de plus près.

(Ligne 1) 

Renpe 21 abot 1 ša *χer ḥon en* *suten χeb*

L'an 21 (le 1er) de Thoth, sous l'empire du roi de la haute et basse Égypte

Meriamen Piānχi *ānχ ṭeta* *utu ṭet* *ḥon* *sotem*

Piankhi-Meriamen, vivant pour toujours, décret prononcé par Sa Majesté : Écoutez ce

em ār-nā em- ḥau er āpu *nuk suten* *at nuter šep*

que j'ai fait de plus que les ancêtres[1]. Moi (je suis) roi; émanation divine, image

ānχ en tum *per em χa-t* *mātennu*[2] *em* *ḥak* *sent-nef ueru er-f*

vivante de Tum; sortant du sein, déclaré comme roi; il a terrifié les chefs

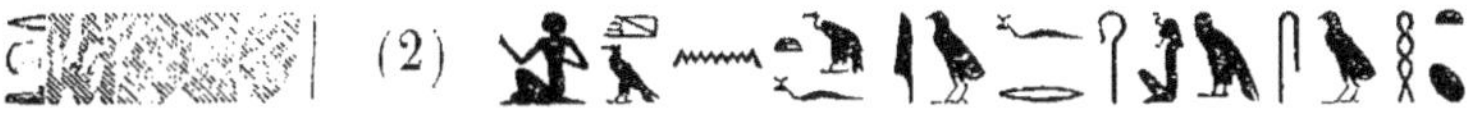

.... *sa*[3] *en mut-f*[4] *ān-f er* *ḥak em* *suḥ-t*

.... Distingué par sa mère pour être roi dans l'œuf.

nuter nefer *nuteri meri* *se rā* *ār-t em ṭut-ui-f* *Meriamen Piānχi.* *in-*

Dieu bon, aimé des dieux, fils du soleil, fait de ses mains P.-M. On

[1] Ce que *Pianχi* a fait de plus que ses ancêtres, c'est probablement l'expédition même qui pour la première fois a donné Memphis à sa famille.

[2] *Matennu*, nom de l'épée. Cette variante donne la lecture du nom du XXIIe nome de la haute Égypte. Cf. ⲁⲙⲁϩⲧⲉ «possidere». Voyez à la ligne 145.

[3] *Sa* «distinguer». Cf. ⲥⲟⲟⲩⲛ «distinguer, connaître».

[4] *Sa en mut-f* «distingué par sa mère». Il y a là un souvenir de la succession au trône par les femmes, si commune en Éthiopie. Ce *Pianχi-Meriamen* est peut-être le même souverain qui s'intitule ailleurs (colonnes du temple de Gebel Barkal, marqué L dans le plan de M. Lepsius) *si-Beset* «fils de la déesse Bast», ce qui peut se relier à l'origine Bubastite des prêtres d'Amon de la XXe dynastie.

ntu er-ṭeṭ en ḥon-f *àu un sar en àment* *ḥā uer em Nuter*[1]

vint dire à S. M. : Est qu'il est le prince de l'Occident, le chef grand dans Nuter

Tafneχt-ta[2] *em ḥesep em (ka)-ḥeseb*[4] *em Hapi*[5] *em*..........

Tafnachtes dans le nome...[3] dans le XIe nome, dans Hapi, dans.........

(3) 

em An[6] *em Pa-Nub* *em Sebti ḥat* *ta-nef àment* *em*

dans An, dans Panoub, dans le nome de Memphis; il a pris l'Occident dans

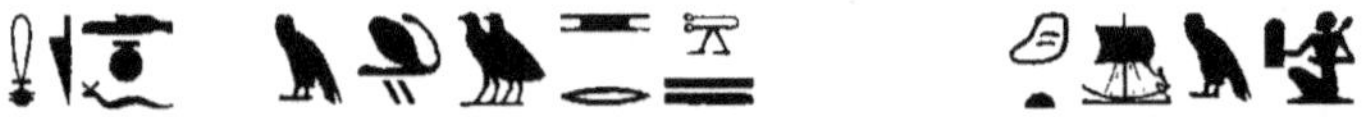

ma kaṭ-f *em peḥiuu* *er Tato-ui*[7] *χent em menfiu*

son entier, depuis les extrémités jusqu'à *Tatoui* : il remonte au Midi avec des soldats

ašu to-ui temeṭ *em χet-f* *ḥā-u ḥek-u*

nombreux; les deux pays réunis ensemble (sont) par devers lui[8]. Les chefs, les gouverneurs

à sa suite.

[1] *Nuter*, ville importante. Cf. Brugsch, *Géogr.* t. I, 289. Les documents ne sont pas suffisants pour la placer avec certitude : elle était située près de Saïs, c'est probablement le commandement d'origine de Tephnachtes.

[2] *Tafneχt-ta.* Ce *Tafnekht* était, comme nous le verrons, maître avant la présente guerre de tout le Delta occidental et peut-être même de Memphis. Son nom, qui signifie *sa force*, était apparemment un nom de règne peut-être abrégé.

[3] Le nom du nome n'a pas été gravé sur le monument.

[4] *Heseb*, XIe nome de la basse Égypte. Voyez l. 116.

[5] *Hapi*, *mer* (grand canal) du Ve nome de la basse Égypte : celui de *Saïs*.

[6] *An*, nom d'une division (*pehu*) du IIIe nome de la basse Égypte.

[7] *Ta-to-ui*, place forte au midi de Memphis, et dont il sera question plus loin; M. Lauth ne l'a pas reconnue. Voyez à la ligne 83.

[8] *Em χet-f* «par devers lui», c'est-à-dire «lui obéissent». Cela rappelle la locution ptolémaïque : *οἱ παρὰ τοῦ* «les subordonnés de...»

ḥa-u em tesem-u[1] *em âru ret-ti-f ân χutem en*

des nomes à l'état de chiens, à l'état de compagnons de ses pieds. N'ont pas fermé

sebti[2]. . . . . *ḥesepu na res Meritum*[3] *Pa-Râ-χem χeper*[4]

la muraille (de leurs villes) les nomes du midi; Meritum, Pa-Ra-χem-χeper

Nuter ḥa Sebek Pamaṭa-t[5] *Tekaneš*[6] *ṭima neb en âment seš*[7]*-sen*

Crocodilopolis, Oxyrynchus, Takinasch, ville toute de l'Occident, ont ouvert leurs

ro-u en senṭ-f ân-f su er ḥesepu âbet un-sen nef

portes par peur de lui. Il s'est tourné vers les nomes de l'Orient; ont ouvert à lui

ma-nen Ḥâ-bennu[8] *Ta-iu-ṭai*[9] *Suten ḥâ*[10] *Paneb-tep-âhu*[11]

comme celles-ci, Habennu, Ta-iutsai, Suten-ha, Aphroditopolis

[1] *Tesem* «chien d'une espèce rare». Originairement le *tesem* est un lynx. Cf. *Rituel,* ch. LXIV, 10; ch. CXLV, 40. Les Égyptiens donnaient à leurs chiens de chasse des noms analogues à ceux d'animaux sauvages qui leur ressemblaient. Le Tesem était rapporté de *Punt* «l'Arabie». Voyez les inscriptions de la régente *Hatšepu.*

[2] La lacune contenait un verbe en rapport avec *Tafneχta :* «il marche vers. . . »

[3] *Meritum,* ville encore inconnue.

[4] *Pa-râ-χem-χeper.* Le cartouche ainsi écrit est inconnu, mais Šešonk IV a le cartouche *râ-aâ-χeper.* On peut supposer une erreur du graveur.

[5] *Pa-maṭa,* ⲠⲈⲘϪⲈ «Oxyrynchus».

[6] *Takaneš,* ⲦⲀⲔⲒⲚⲀϢ, près d'Oxyrynchus. Cf. Tacona à 24 milles au nord d'Oxyrynchus (*Itinér. d'Antonin*). (J. de Rougé.)

[7] *Seš* «ouvrir.» Le —— *verrou* est déterminatif.

[8] *Habennu* (probablement *Hipponon*), chef-lieu du XVIIIe nome de la haute Égypte, [hieroglyphes].

[9] *Taiuṭai* semble un nom étranger.

[10] *Suten-ha,* chef-lieu du XVIIe nome de la haute Égypte, [hieroglyphes], le Cynopolites. Est écrit à Edfou [hieroglyphes].

[11] *Pa-neb-tep-ahe,* mot à mot : «la de-

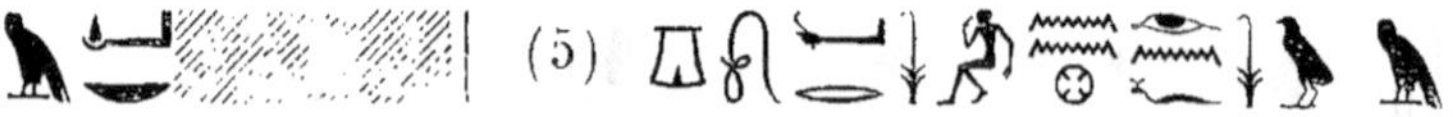

māk *kaua*[1] *er* *Sa-kenen* *är nef* *su* *em*

. . . Il assiége Héracléopolis; il a fait elle à l'état de

seṭ em ro[2] *ān er ṭa per* *per-u* *ān er ṭa āk*

queue dans la bouche; il n'a pas laissé sortir les sortants; il n'a pas laissé entrer les

āk-u *ḥer χerau ma rā neb* *χai-naf* *su* *em* *(rer)-s* [3]*neb*

entrants dans l'action de combattre chaque jour. Il a mesuré elle dans tout son tour;

ḥā *neb rex* *sa-f*[4] *ṭa-f* *sa* *neb* *ḥemse* *ḥer peš-f em* *ḥā-u*

tout chef connaît sa muraille; il a fait chacun demeurer dans sa part parmi les chefs

ḥek-u *ḥa-u.* *ḥane* *kam*. . . . . *em* *ur*

gouverneurs de nomes. Voici que. . . . . dans la grandeur

meure de la Dame à la tête de vache», c'est-à-dire «Hathor». Chef-lieu du XXIIe nome de la haute Égypte. 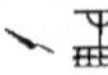. C'est Aphroditopolis, aujourd'hui Atfih. C'est en effet ce nom que les Coptes ont abrégé en ⲠⲈⲦⲠⲒⲈϨ et ⲦⲠⲎϨ. Les Arabes, qui mettent un *aleph* quand ils rencontrent deux consonnes et qui prononcent le *p* comme un *f*, ont fait de ce nom *Atfih*. M. Lauth n'a pas reconnu cette ville.

[1] *Kaua* «assiéger». Cf. le copte ϭⲰⲞⲨ «coarctari» et t. ϭⲎⲞⲨ, m. ϫⲎⲞⲨ «angustus». Ce mot est quelquefois déterminé par la tête. qui se prononce de même; ce n'est alors qu'un déterminatif de son.

[2] *Set-em ro* «queue dans la bouche». Cette phrase se rapporte à la représentation du serpent qui a la queue dans la bouche, ce qui a donné la forme de certains bracelets : cela se rapporte à l'idée de cercle, de rond. Voyez Brugsch, *Dictionnaire*.

[3] *Rer*, , a plusieurs phonétiques : *rer*, *keb*, *teben*.

[4] On peut lire aussi : *ha-neb er χes sa-f* «tout chef a abandonné sa muraille».

ȧb *sebu* *ȧb-f* *fu.* *Un* *nen* *uer-u* *ḥā-u*

de son cœur coupable, son cœur se dilate. Furent les chefs, les commandants, les

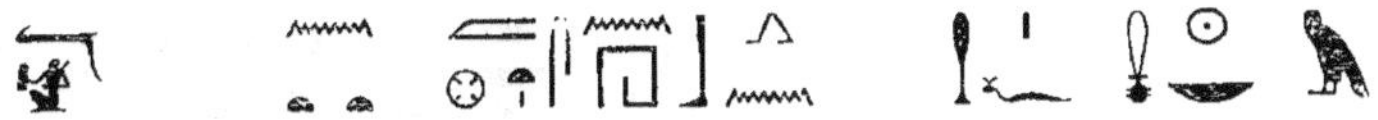

mur tes-u *nti* *em nu-sen hab* *en* *ḥon-f* *ma rā neb* *em*

chefs des soldats, qui (étaient) dans leurs villes envoyant à S. M. chaque jour en

ṭat *ȧn* *ȧn*[1] *kar-*[2] *nek-er-s* *χem* *sa-res*[3] *ḥesep-u na*

disant : Si tu te tais sur cela, est perdu le côté du midi, les nomes de la

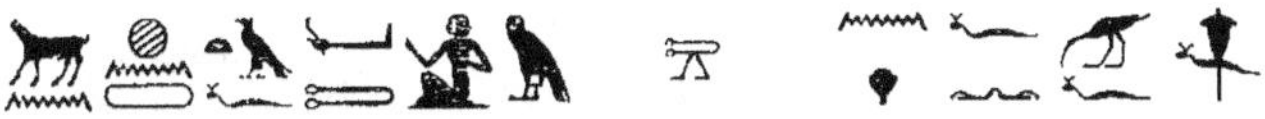

χen-χen. *Taf-* *neχt-ta* *em* *ta* *en ḥer-f*[4] *ȧn* *kem-f* *χesef*

haute Égypte. Tafnekht, en marchant devant lui, ne trouve pas celui qui arrête

 (7) 

ṭot-f *Namruṭ*.............. *ḥa* *en* *Ha-uer*[5] *ȧn* *sχanen-*[6]

sa main. Nimrod.............. chef de Ha-uer il a fait une brèche

[1] *Ȧn ȧn.* Cf. ϵⲛⲉ «si».

[2] *Kar* signifie «se taire» et non pas «avertir», comme l'a traduit M. Lauth.

[3] *Sares*, pour  *res*. C'est peut-être une faute de graveur; cependant cela se retrouve d'autres fois : on devrait alors traduire «le côté du midi». Cf. ⲥⲁⲣⲏⲥ.

[4] *Ta en ḥer-f.*  *ta* a deux sens distincts : 1° «s'emparer» (sens usuel) et 2° «marcher, aller». Lorsque *ta* signifie «prendre», il est actif et a un régime direct; lorsqu'il signifie «marcher», il est verbe neutre et est suivi d'une préposition. Ici il est suivi d'une locution prépositionnelle *em ḥer*. Un autre exemple au *Pap. Sallier*, I. 2 :  *ḥān ḥon-f šem en ḥer-f* «voici que le roi marcha devant lui», explique bien la phrase du texte de Piankhi. Dans une autre phrase, on trouve même l'ellipse du verbe de mouvement (Dümichen, pl. XV, 5) : , mot à mot : «lui devant lui comme la flèche sur eux...»

[5] *Ha-uer*. J'ai fixé la place de cette localité : elle était située dans le XVIe nome, celui de  (Jacques de Rougé).

[6] *Sχanen* «renverser», mais surtout «faire une brèche»; c'est l'effet du bélier.

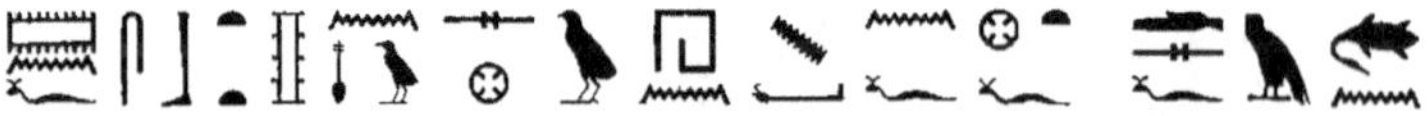

nef sebti en Nefrus[1] *uhan- nef nut-f tes-f*[2] *em sent en*

dans la muraille de Nefrus : il a abîmé sa ville lui-même par peur

ta-nef su er kaua er ket nu-t māk- su šeme

qu'il ne s'en emparât (par force); étant assiégé à une autre ville, lui est allé

er un em āri ret-f uāan[3]*-nef mu en hon-f hā-f*

pour être en compagnon de ses jambes. Il a quitté les eaux du roi, il s'est tenu

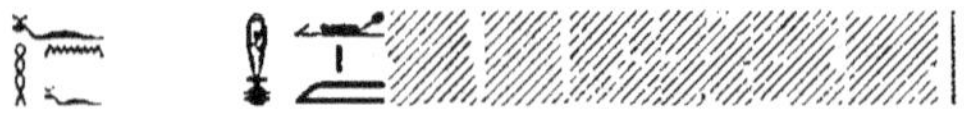 (8) 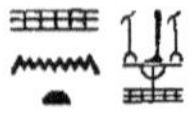

hna-f ma uā em. . . . . hesep nti Uab[4]

avec lui (Tafnekht) comme un (de ses serviteurs). . . . . le nome de Uab;

tu-f naf fek-u[5] *er tutu āb-f em χet neb kem nef hān*

il a donné à lui en récompense selon son désir toutes choses qu'il trouvait. Voici que

[1] *Nefrus*, XVIe nome de la haute Égypte.

[2] *Tes-f*, pour *tesef;* cette variante est fréquente surtout à l'époque saïte, dont nous nous rapprochons. Nous retrouverons aussi pour *f*.

[3] *Uāan*, avec le déterminatif, «mettre de côté». Brugsch le rapproche de ⲟⲩⲉⲓ «abesse». Cf. ⲧⲟⲩⲉⲓⲟ «repudiare». *ruā* «côté» est le même radical augmenté d'un *r* initial.

[4] *Uab*, nome oxyrynchite. M. Brugsch transcrit *useb;* c'est une erreur, a plusieurs lectures. M. Chabas a fait un travail pour prouver la lecture *uab*. M. Brugsch a montré que dans le nom de Thèbes il y avait quelques variantes avec un *s;* en effet, un des noms du sceptre est *uas*. Mais lorsque nous rencontrons le complément *b*, on doit choisir le phonétique *uab* Faut-il lire *uab-uab* par réduplication? ce n'est pas probable : on ne trouve jamais un second *b*. Le second sceptre n'est que déterminatif.

[5] *Fek-u*. M. Brugsch le compare à ⲃⲉⲕⲉ «merces».

hab en ḥon-f en ḥā-u mur tes-u nti ḥer kam

envoya S. M. aux commandants, aux chefs de troupes qui (étaient) en Égypte :

tes Puarma ḥnā tes Lā-mer-skeni[1] *ḥnā*

le général Puarma, avec le général Lamerskeni, avec

tes neb na ḥon-f nti ḥer kemi seba-u em sek

tout général de S. M. qui était en Égypte. Qu'ils aillent au combat.

 (9) 

tes χera rer................ ḥak retu-s[2] *men men-s*

qu'ils disposent la guerre...... de prendre ses hommes, ses bestiaux,

ḥai-s ḥer àtur em er ṭu-t per ḥen-ti-u

ses barques de transport sur le fleuve. Qu'on ne permette pas sortir les laboureurs

er seχe em er ṭu-t ska ska-u ḳua er

vers le champ; qu'on ne souffre pas labourer les laboureurs. Mettre le siége devant

χent en Un χera er-s ma rā-neb ḥān sen àr ma-ti ḥān ḥon-f

Hermopolis; l'attaquer chaque jour. Voici que eux firent comme cela. Voici que S. M.

[1] *Lamerskeni.* Ce nom propre ne correspond à aucun radical connu; peut-être était-ce un Éthiopien. M. Lauth a passé ce membre de phrase par inadvertance.

[2] *S.* Ce pronom se rapporte au territoire, dont le nom est détruit, et que l'armée devait *rer* « parcourir » pour y rétablir l'ordre.

saba[1] *menfi*[2] *er kem*[3] *her hen*[4] *en sen uer uer* *àm*. . . . .

envoya des soldats vers l'Égypte, en ordonnant à eux beaucoup : Ne (attaquez pas)[5]

(10) 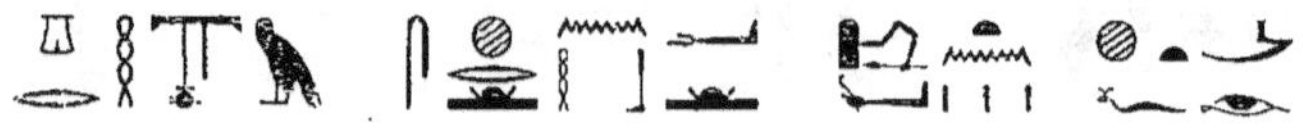

korah *em* *seχer* *en hebā*[6] *χer* *ten* *χefte* *maa*

la nuit d'après le plan (comme) d'un jeu. Combattez lorsque vous voyez

ser-[7] *nef* *χera* *em* *ua* *àr* *tet f* *sàu* *en* *menfi-u* *tent*[8]

qu'il a disposé son armée en marche. Si on dit (qu'il a) rassemblé des soldats, des

hater-u *en ket nu-t* *àχ* *hems-ten* *er iu* *menfi-u-f* *χera*

cavaliers de quelque autre ville, oh! restez jusqu'à ce que viennent ses soldats. Attaquez

[1] *Saba* «envoyer», assez communément usité.

[2] *Menfi.* Le bouclier du petit soldat est rond : ordinairement il a la forme suivante .

[3] *Kem.* Sur cette stèle, le caractère qui sert à écrire le nom de l'Égypte a la forme suivante . Voyez la note à la ligne 27.

[4] *Hen.* Ce mot n'a pas de déterminatif; le sens de ce qui suit indique qu'il faut prendre le sens de «ordonner»; ϩⲱⲛ, *jubere.* Au propre, *hen* signifie : «adresser la parole à quelqu'un».

[5] M. Lauth traduit : «Ne (dormez pas pendant) la nuit, ne songez pas au jeu, mais combattez, etc.» Ce passage ne me semble pas bien compris par lui.

[6] *Hebā.* Le jeu en général, et plus particulièrement employé pour le jeu de dames, *sent.* Cf. Birch, *Revue archéologique*, 1865, t. II, p. 56. C'est une sorte de jeu de tactique; cela peut vouloir dire : «n'attaquez pas la nuit par passe-temps,» c'est-à-dire : «ne risquez rien.» Ou bien *hebā* voudrait dire la tactique, les règles militaires, et il faudrait traduire : «selon les règles de la tactique.»

[7] *Sar* «distribuer» ⲥⲱⲣ. La girafe est déterminatif.

[8] Il y a bien sur le monument *ter-t hetar*, mais c'est une faute évidente; cette locution est bien connue : il faut lire *ten-t hetar*, mot à mot : «celui qui de cheval.» Cette périphrase sert particulièrement à désigner les chars de guerre.

ten χefte ṭet-f âr un χer neχ[1]*-u-f em ket nu-t âmmā*[2]

lorsque on dira qu'il est avec ses forces dans une autre ville. Soit que

(11) 

sân-tu en sen ḥā-u nen ân-f er neχu-f

se soient réunis à eux ces chefs (qu')il a amenés pour ses auxiliaires,

Taḥennu menfiu en meḥit âmmā ser-tu en sen χera

les Tahennu (Libyens), les soldats du Nord. Soit que ils disposent l'ordre de bataille

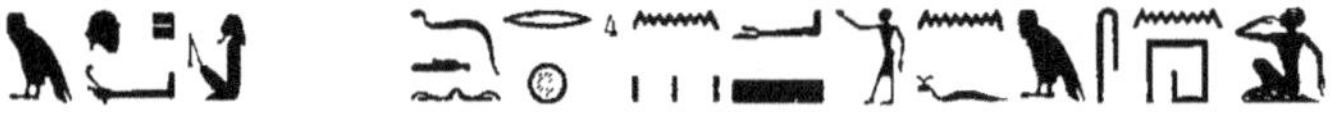

em apā[3] *ṭaṭ ân reχ na āš nef em seneha*

comme un ancêtre (à l'ancienne). Car nous ne savons pas ce qu'il a ordonné en exercices

menfiu naḥab kennu tep en āḥe kā âri-t-s

de soldats, en fait de atteler les vaillants premiers de l'écurie. Donc lorsque sera

sek em χera reχ-nek[4] *âmen pe-nuter utu-na*

faite la bataille dans la guerre tu sais (qu')Amon (est) le dieu (qui) nous a envoyés.

[1] *Neχ*. Il ne faut pas confondre ce mot avec *neχt*, qui en est un autre. *Neχ* signifie souvent «protecteur». Cf le copte ⲛⲓϣϯ, où ϯ est une terminaison.

[2] *Ammā*. Lorsque deux membres de phrase parallèles commencent par *ammā*, c'est «soit que» ou «quoique».

[3] *Apā*. doit être une faute du graveur pour .

[4] La planche de M. Mariette donne pour ce groupe; sur les empreintes, on voit que le second signe est un ⊙ mal dessiné; le ⊙ du mot *χefte* à la ligne suivante est tout pareil.

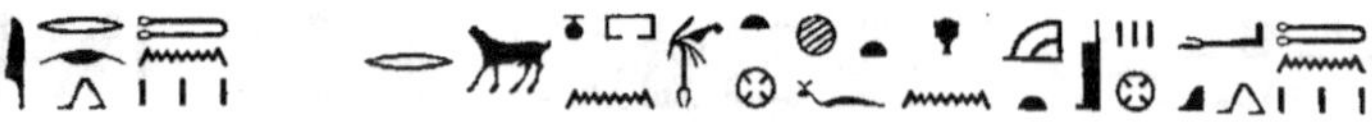

ár sper-ten *er* *χen* *en* *Uas-t* *χefte* *en* *Apu* *āk-ten*

Lorsque vous approcherez[1] dans le nome de Thèbes, en face de Thèbes, entrez dans

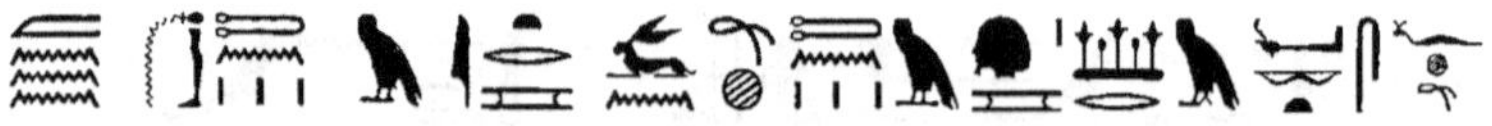

em mu *āb-ten* *em* *átur* *uneχ-ten* *em* *tep*[2] *šerem*[3] *šemer* *sefeχ*[4]

l'eau, purifiez-vous dans le fleuve, revêtez-vous à *Tap* (?); déposez l'arc, ôtez

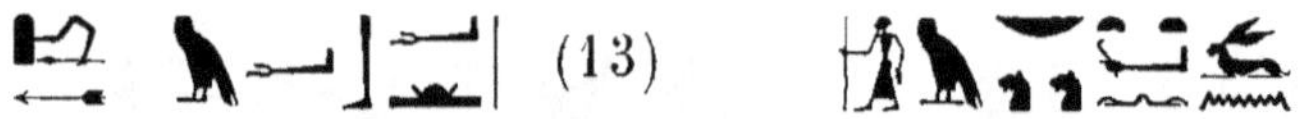

(13)

χera *em* *ābā* (*uer*) *em neb peḥ-ti án un*

la flèche. Que ne s'oppose pas un chef au seigneur de la vaillance; il n'est pas

peḥ-ti *en* *ter*[5] *em* *χem-f* *ár-f sau*[6] *ṭoṭ* *em* *neχt*

vaillance à un héros sans lui. Il (Amon) fait un brisé de bras en fort

ṭoṭ *áu* *ašu* *ṭu sa en* *ānt-u*[7] *áu uā*

de bras. Est beaucoup il leur donne la conséquence de gens annulés; est un seul

[1] M. Lauth fait du membre de phrase qui précède une allocution à Amon; ce qui rendrait bien compte du pronom singulier *reχ-nek* : «Tu sais, ô Amon, que tu es le dieu qui nous envoie!»

[2] *Tep.* [hiéroglyphe] donnerait le nom d'une localité inconnue de Thèbes; il faut remarquer que le verbe *uneχ* a ordinairement pour régime une pièce d'étoffe quelconque; si on substituait [hiéroglyphe] à [hiéroglyphe], on pourrait traduire : «revêtez-vous de ce que vous avez de plus beau.»

[3] *Šerem* doit être le copte ϣⲉⲗⲉⲙ «tirer l'épée du fourreau»; ici c'est «tirer l'arc de l'épaule, le déposer». Ce mot semble emprunté aux langues sémitiques. M. Lauth traduit : «ceignez vos armes,» c'est au contraire : «ôtez vos armes.»

[4] *Sefeχ*, forme causative de *fek* «détruire, annuler».

[5] [hiéroglyphe] *ter*, mot nouveau qui se retrouve plusieurs fois dans ce texte.

[6] *Sau.* Il y a une faute de graveur : il a mis [hiéroglyphe] au lieu de [hiéroglyphe]. Le sens est : «Amon change la faiblesse en vaillance.» *Sau* avec [hiéroglyphe] signifie «couper», c'est le premier sens. Cf. des phrases analogues au *Pap. Anastasi*, I, 8 et 9.

[7] *Ān-tu*, radical rare. M. Brugsch le traduit dans le papyrus Rhind par «rien». Cf. au *Todtenbuch*, ch. XVII, 93. Au *Pap. Sallier*, II, 12, il est dit au Nil : «Tu ar-

ta-f sa χa net[1]-ten em mu na χau-u-f sen-ten

il prend personne mille. Plongez-vous dans l'eau de ses autels; prosternez-vous

ta χefte-f ṭaṭ ten nef ȧmmā en na ua-t χera-na

devant lui. Dites- lui : Donne à nous la route que nous combattions

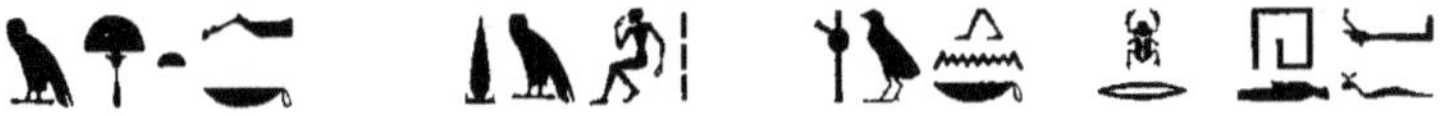

em χaibi-t[2] χopeš-k ṭam utu-nek χeper haṭ-f[3]

à l'ombre de ton glaive. Le jeune guerrier que tu envoies devient il repousse

en haṭ haṭ-nef ȧšu ḥān er-ṭu en sen ḥer χa-t sen em bahu

celui qui en a repoussé beaucoup. Alors ils se mirent sur leurs ventres devant

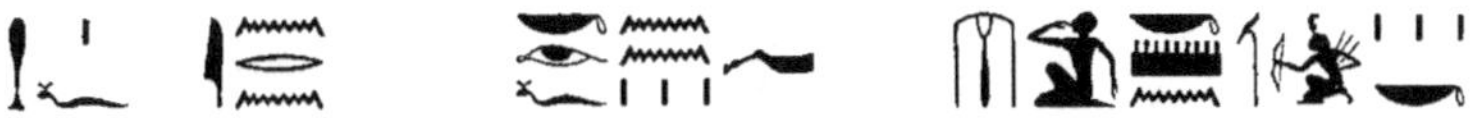

ḥon-f ȧn ran-k ȧr-f en na χopeš seḥi[4]-k mena menfi-u-k

S. M. De par ton nom il fait à nous la victoire[5]. Ta sagesse conduit tes soldats;

rêtes les *an-tu* de la sécheresse en assurant l'eau de la saison.» Le sens général est ici : «Quand Amon voit un grand nombre, il leur donne souvent la défaite; quand un seul (lui plaît), il l'emporte sur mille.»

[1] *Net.* 𓀢 est ordinairement le déterminatif du mot *nebi* «nager»; mais ici il y a bien réellement [hiéroglyphe] sur le monument; peut-être est-ce un verbe dont le substantif existe, quoique rare, ainsi écrit : [hiéroglyphe] et [hiéroglyphe] *net* «l'eau». Le bassin [hiéroglyphe] dans notre texte serait déterminatif.

[2] *χaibi.* Le phonétique est [hiéroglyphe], en copte ϧⲏⲓⲃⲓ «ombre».

[3] Le sujet est un collectif, car le pronom est au singulier; cela veut dire : «Le jeune guerrier que tu envoies terrifiera celui qui a terrifié des multitudes.» M. Lauth n'a pas compris ainsi ce passage.

[4] [hiéroglyphe] *seḥi.* Ce caractère a deux phonétiques : *sehi* et *ȧrek* [hiéroglyphe]. M. Brugsch, dans son *Dictionnaire,* choisit ce dernier. Ce mot signifie «science, sagesse». Pour le phonétique *sehi,* voyez *Denkm.* III, 95 : [hiéroglyphe] *seḥi em χera* «habile dans le combat» est en parallélisme avec «vaillant dans la mêlée».

[5] «En ton nom il (Amon) nous donne la victoire,» ou simplement : «ton nom nous donne la victoire.»

ta-k em χa-t na ḥer na-t neb ḥek-k (15) *āχem*

ton pain est dans notre ventre pour tout chemin; ta liqueur éteint

āb-na ān ken-k ṭu en na χopeš nera-ta

notre soif. De ta vaillance est donné à nous le glaive[1]; on est victorieux

en sχa[2] *ran-k ān kam en menfi-u tes-f em ḥem-t*[3]

en rappelant ton nom. Ne dure pas une armée dont le chef est un infâme!

nimā ma-ti-k ām ntuk suten neχt ār em ṭotui-f mur na kat-u[4]

Qui est semblable à toi? étant toi le roi vaillant, qui agis de tes mains, chef des travaux

χerau nā pu ār[5]*-t en-sen em* (16) *χut sper*

du combat. Venue est faite par eux en descendant le fleuve; ils arri-

sen er uas-t ār-t en-sen ma ṭetu neb en ḥon-f nā

vèrent à Thèbes; ils firent comme toutes les paroles de S. M. Lorsqu'ils furent

[1] «Ta vaillance nous donne la victoire.»

[2] *Sχa*. Il y a plusieurs nuances diverses pour le sens de ce mot. Le décret de Canopus le rend par l'idée de mémoire.

[3] *Hem*. Ce mot se retrouve au poëme de Pentaour dans l'allocution du roi à son écuyer; il lui dit : «Que sont donc pour toi ces hommes, ce sont des *hem-t*.» C'est donc un terme de mépris; peut-être y a-t-il là un sens obscène. Ce verbe a deux sens : «conculcare» et «s'en retourner, s'en aller». Cf. ϩⲱϩⲱ «libido» et ϩⲉⲙⲓⲱⲓ «conculcare, super incedere».

[4] *Kat-u*. Je mets au pluriel, quoique le signe n'y soit pas; c'est conjecturalement. Cependant Champollion avait déjà remarqué que la particule *na* se mettait à la place de l'*n* simple lorsque le régime indirect était au pluriel.

[5] La barque est ici second déterminatif du verbe *nā* «aller».

pu år[1]-en-sen em χnt her åtur kem-sen hā-u[2] ken-u

venus en descendant sur le fleuve, ils trouvèrent des vaisseaux nombreux (qui)

iu em χent χer menfi χennu-u tes-u

étaient venus en remontant le fleuve, avec des soldats, des marins, des chefs,

(17)

ken[3] neb nte to χeb supt[4] em χāi-u na er-ā[5] er

vaillant tout de la basse Égypte, pourvus d'armes de agir pour

χera er menfi-u hon-f hān åri χai aā-t åm sen

combattre contre l'armée de S. M. Voici que fut fait une défaite grande parmi eux;

ån reχ tennu hak menfi-u sen hnā hāu sen ån

on ne sait pas la quantité : ils prirent leurs soldats avec leurs vaisseaux; ils ame-

em seker ānχ er bu χer hon-f šem pu år-t-en sen[6]

nèrent en prisonniers vivants au lieu où était S. M. Lorsqu'ils eurent marché

[1] *Pu år*, forme du plus-que-parfait : «lorsqu'ils furent venus.»

[2] *Hā-u*, grands vaisseaux de transport.

[3] *Ken*, avec le déterminatif , signifie «vaillant.» Il existe de nombreux dérivés de ce mot.

[4] *Supt.* Dans le texte, il y a ; il faudrait donc lire *ta*, mais c'est une faute évidente : il faut remplacer ce signe par ; la locution *supt em χai* se rencontre à chaque instant.

[5] *χai-u em r-ā*, locution égyptienne : «instruments de agir ou de être fait.» Le est déterminatif de toute la locution.

[6] «Lorsqu'ils eurent marché vers Hnes.» Il est difficile de dire s'il s'agit ici des soldats de Piankhi ou de ses ennemis.

er χent en su-χenen *her ser χerau* *er ṭu-t reχ* *ḥā-u* *ḥnā*

vers le devant de *Hnes* pour offrir le combat, on fit savoir[1] aux chefs avec

(18)

suten-iu na to res[2] *ȧs suten* *Nam rut* *ḥen* *suten* *Uaput*

les rois de la haute Égypte. Or le roi Nimrod, avec le roi Uaput

sar en mā *šešenk* *en Pa-asar-neb-taṭ*[3] *ḥnā* *sar*

le chef des Ma(šuaš) Šešonk, de Pa-osiri-neb-tat, avec le chef

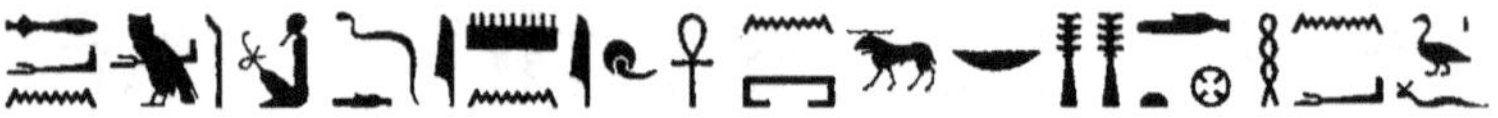

aā en *Mā* *T'aṭ- amen- af-anχ*[4] *en Pa-bi-neb-taṭ*[5] *ḥnā* *si-f*

grand des Ma(šuaš) T'at-amon-ef-anχ de Pa-bi-neb-tat avec son fils

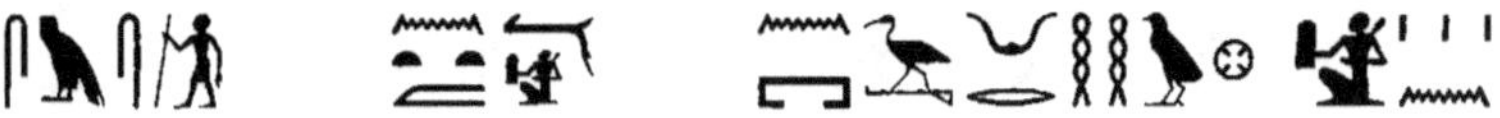

semes[6] *nti em mur menfi* *en Pa tot aperḥeḥu* *menfi-u en*

le préféré, qui à l'état de chef des soldats de Patotaperhehu[7]; les soldats du

[1] «On fit savoir que.....» Probablement cet avis fut donné par les généraux de Piankhi.

[2] Dans la planche de M. Mariette, il y a ici le signe de la basse Égypte; les empreintes donnent celui de la haute Égypte. Ceci montre qu'il y avait des rois de la haute Égypte. Nous n'en connaissons que deux : Nimrod et Pef-aa-beset, qui était resté fidèle à Piankhi dans Héracléopolis.

[3] *Pa-osiri-neb-tat*, chef-lieu du IXe nome de la basse Égypte, «Busiris».

[4] *T'atamon ef anχ*, nom propre : «Dit Amon qu'il vive.» Cf. Ἐφόνιχος.

[5] *Pa-bi-neb-tat*, chef-lieu du XVe nome de la basse Égypte. M. Brugsch y a reconnu *Mendès*. En effet le terme *neb* disparaît souvent dans les transcriptions; la transcription assyrienne *Bindidi* est encore plus exacte.

[6] *Semes*, titre donné généralement à l'aîné; le texte ne donne pas ici son nom; c'était peut-être *Anχ-hor*, nommé ailleurs.

[7] *Pa-tot apirehuh*, chef-lieu du XIVe nome de la basse Égypte; sa position n'est pas certaine. Ce nom peut se traduire : «la demeure de Thoth, qui distingue entre les principes adverses.» Voyez l. 115.

erpā *Buk-ennifi*[1] *ḥnā* *si-f* *semes* *uer* *en mā*

prince héritier Bukannifi: avec son fils préféré, chef des Ma(šuaš)

(19) 

Nas na kati[2] *em (ka)-ḥeseb*[3] *uer* *neb* *ta* *meḥe-t* *nti em*

Nasnakati dans le XI[e] nome, tout chef porteur de plume qui dans

to χeb *ḥnā* *suten*[4] *Uasar ken* *nti em* *Pa-bast*[5] *ḥnā* *Uu-*

la basse Égypte, avec le roi Osorkon qui dans Bubastis. avec le territoire

en-rā-nefer[6] *ḥā* *neb* *ḥek-u* *ḥa-u* *ḥer āment* *ḥer* *ābet* *to-u*

de Ranefer; chef tout, gouverneurs de chefs-lieux, à l'Occident, à l'Orient. les pays

ḥer-abu[7] *temet ḥer mu uā* *em* *ari ret-ti en*

du milieu ensemble dans une seule eau[8]. à l'état de compagnons de jambes du

[1] *Bukannifi* ne semble pas être venu en personne; son grand-père se retrouve dans l'expédition d'Assharadon.

[2] *Nasnakati,* nom propre égyptien qui signifie : «le chargé des ouvriers.»

[3] *(Ka)-ḥeseb,* XIe nome de la basse Égypte. Voyez l. 116.

[4] *Suten.* Il faut remarquer que est pris ici dans le sens général de «roi», puisqu'il s'agit d'un prince de la basse Égypte.

[5] *Pa-bast* «Bubastis», chef-lieu du XVIIIe nome de la basse Égypte; c'est exactement le פִּיבֶּסֶת de la Bible. est rendu par *pi;* ce n'est donc pas l'article, comme on l'a cru longtemps.

[6] *Uu-en-rā-nefer,* ville inconnue, mais certainement voisine du nome Bubastite.

[7] «Les pays du milieu.» M. Brugsch a traduit : «au milieu entre le *nord* et le *midi;*» c'est une erreur : il s'agit ici des contrées de la basse Égypte qui ne sont ni à l'Occident ni à l'Orient. Du temps des Romains, on distinguait les nomes de Libye, les nomes de l'Arabie et ceux du milieu. C'est exactement cela. *To-u* «les parties», déterminé par le papyrus . Cf. le copte ⲧⲱⲓ.

[8] «Être dans les eaux de quelqu'un, être du même parti.» Ici : «dans une seule eau,» c'est-à-dire «dans la même direction».

sar aā en ament *ḥek* *ḥa-u to χeb* *nuter ḥon Neit neb*

prince grand de l'Occident, chef des nomes de la basse Égypte, prophète de Neith,

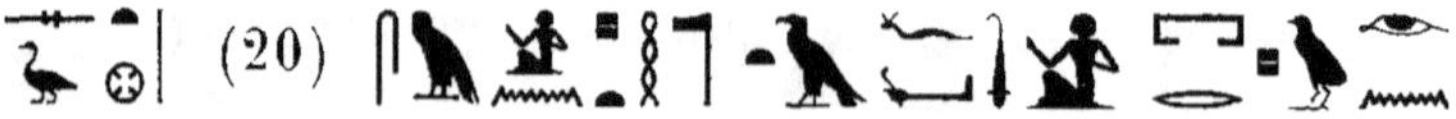

Sa (20) *sam en Ptaḥ* *taf-neχt-ta* *per pu ār en*

dame de Saïs, prêtre de Ptah Tafnekht. Lorsqu'ils furent

sen er sen *ḥān sen ār χai aā-t ām sen* *uer*

sortis vers eux[1], voici qu'ils firent une défaite grande sur eux, grande plus que

er χet neb *ḥak ḥāu-u sen ḥer ātur* *ťa pu ār-t en sepi*

toute chose. Ils prirent les barques d'eux sur le fleuve. Lorsque le reste eut traversé[2],

mena ḥer ament em hu pa-peka[3] *ḥať er-f to*[4] *ṭiau*

ils abordèrent à l'occident du lieu de Pa-peka. Ayant fait lumière à lui le monde

sep sen *ťa en menfi-u en ḥon-f* (21) *er sen*

au matin une deuxième fois, traversée par les soldats de S. M. vers eux.

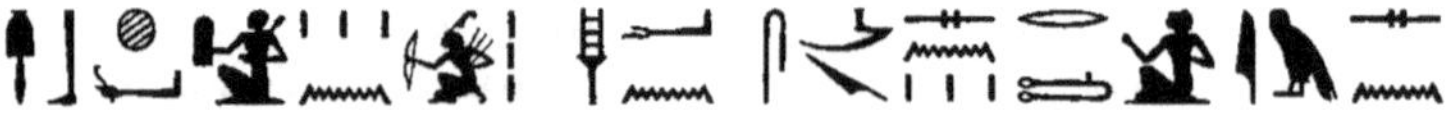

ābeχ[5] *menfi-u en menfi-u* *ḥān* *sma-sen* *ret* *ām-sen*

Se mêlèrent les soldats aux soldats. Voici que ils tuèrent hommes parmi eux

[1] Mot à mot : «sortie faite par eux.»

[2] Mot à mot : «traversée faite par le reste.»

[3] *Pa peka.* Il y a un *un Peka* dans le nome d'Abydos.

[4] *Hať er-f to.* A quoi se rapporte *er-f*? *Er* n'indique pas toujours un cas oblique : quelquefois c'est un simple renforcement du pronom; cf. le copte ⲣⲟϥ. Ici cela semble se rapporter au monde.

[5] *Abeχ.* Ce mot assez usité signifie «pénétrer». Ainsi dans la stèle de la prin-

ašu[1] *sem sem-u* *ån reχ* *tennu* *en het-he(t)* *χeper em* *sepi*

nombreux, des chevaux on ne sait pas combien; par la terreur qui arriva au reste

uar- *sen* *er to-χab* *em* *seχet* *ka t* *kesen*

ils se sauvèrent vers la basse Égypte, dans une défaite très-grande, désastreuse plus que

er χet neb *reχ* *χai* *åri-tu en* *åm-* *sen* *ret* *sa*[2]......

toute chose. Connaissance des tués, qui furent faits parmi eux : hommes, personnes..

(22) 

..........*ār*......*suten* *Nemrut* *em χent* *er* *res* *χefte*

.................Le roi Nimrod en remontant vers le midi, lorsqu'il

tat-tu- *naf* *Sesennu* *em χent en* *χerui-u* *mā menfi-u na*

avait été dit à lui : Hermopolis (était) au pouvoir des ennemis[3] (sur) les soldats de

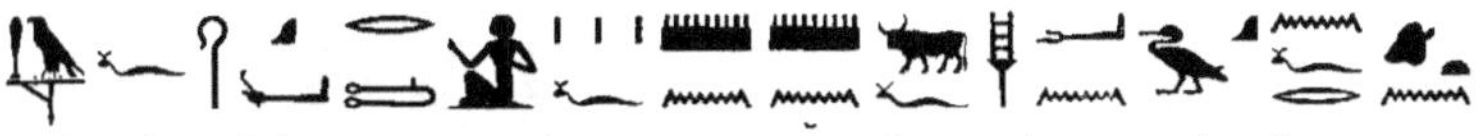

hon-f *hak* *ret-u-f* *menmen-f* *hān* *āk-nef er* *χent en*

S. M. Il a pris ses hommes. ses troupeaux, alors il entra dans

cesse de *Baχtan*, il est dit : «le mal *åbeχ* pénètre ses membres.» On dit aussi des obélisques «qu'ils pénètrent *åbeχ* vers le ciel». Il n'est pas clairement représenté dans le copte.

[1] *Ašu.* Le lézard  a plusieurs phonétiques. On trouve la valeur *tem, temi*, fréquente sous les Ptolémées. La valeur *ašu* est également prouvée par des variantes. Le même lézard s'écrit quelquefois avec le χ, ○. Il sert à écrire le nom d'un génie funéraire : le premier complément est peut-être alors un *s*, car le nom bilingue *Psenasiχis* correspond à 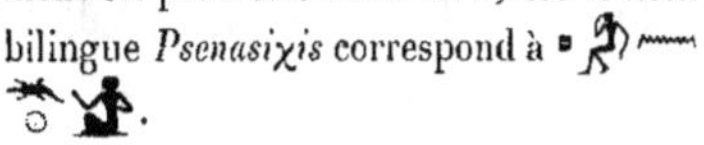.

[2] La lacune devait comprendre le nombre des personnes tuées; mais ce détail ne fut jamais gravé : la surface de la pierre est restée unie à cet endroit.

[3] Il y a ici une ellipse d'un verbe, comme «repris sur».

(23)

Un menfi-u na hon-f her àtur her meri nti Un

Hermopolis; les soldats de S. M. sur le fleuve, sur la rive du nome de *Un*.

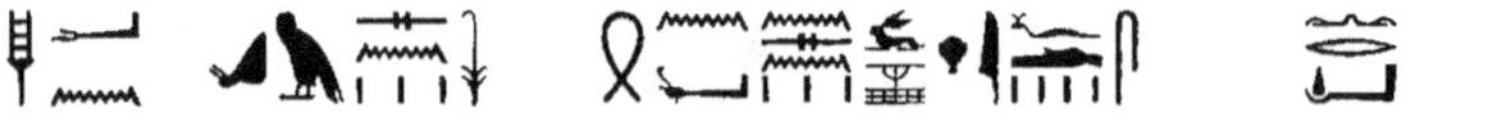

hān sotem- sen su šen en sen Un her áfte[1]-s án er ṭa

Voici que ils entendirent cela; ils fermèrent *Un* sur ses quatre côtés. Ils ne laissaient

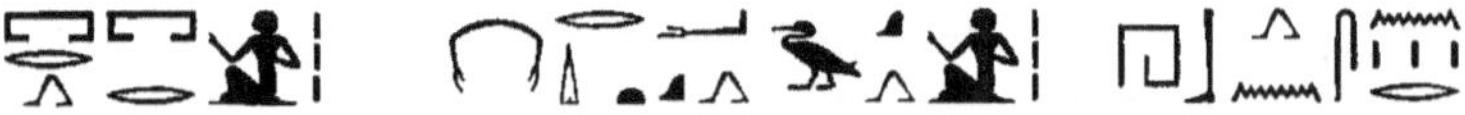

pere per-u án er ṭa-t āk āk-u heb en sen er

pas sortir les sortants; ils ne laissaient pas entrer les entrants. Ils envoyèrent pour

sma en hon en suten χab Amen meri Pianχi ṭa ānχ em haṭ neb ár-t en

prévenir S. M. le roi Piankhi-Meriamen du carnage tout qu'ils

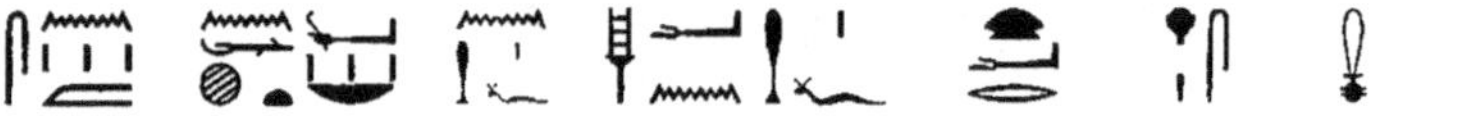

sen em neχt-u neb en hon-f hān hon-f χār[2] her-s ma

avaient fait par les forces de S. M. Voici que S. M. fut en fureur de cela comme une

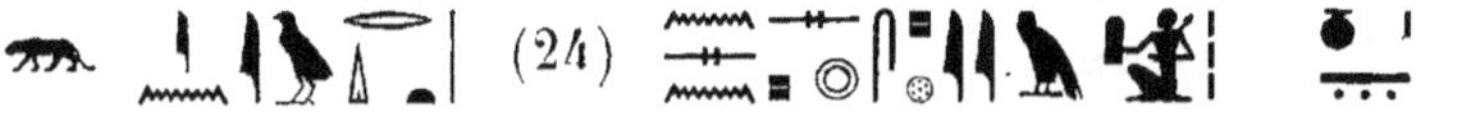

(24)

ábi án án[3] er ṭu-t en sen sep sepi em menfi-u na to

panthère : Si ils laissent subsister le reste des soldats de la basse

χeb er ṭu-t per per(i) ám sen er s-ṭaṭ utui-f

Égypte; (si) ils laissent sortir un sortant d'entre eux pour dire son expédition,

[1] *Afte*. Copte ⲁϥⲧⲉ «quatuor». La planche de M. Mariette porte le pluriel III, mais sur le monument il y a réellement IIII.

[2] χār «être en fureur». Cf. le copte ϧⲉⲣϧⲉⲣ et l'hébreu חָרָה «iratus est». Ce mot est quelquefois déterminé par le singe. Cf. Dümichen, *Hist. Insch.* 2, 15.

[3] *An án*, tournure conditionnelle. Cf. le copte ⲉⲛⲉ. M. Lauth a traduit à tort par l'interrogatif.

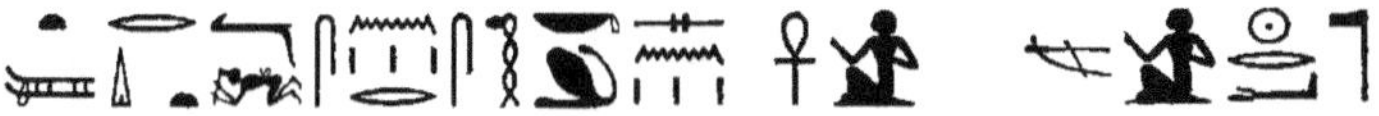

tem er ṭu-t mer sen er sak sen ānχ-â[1] *mer-â Rā*

et ne tuent pas eux dans leur carnage, par ma vie, par mon amour (pour) Ra,

ḥesu-â tef-â âmen âu-â er χuṭ ṭes-â

et la faveur de mon père Amon, je descendrai moi-même,

uhan-â (25) *âr-nef ṭu-â χet-f χera*[2] *er χet ḥeḥ*

je renverserai ce qu'il a fait. Je ferai retirer lui du combat à jamais.

âr ḥer sa âr-â âr-u na tep-ter uṭen-â

Lorsque[3] j'aurai accompli les cérémonies du commencement de l'année j'offrirai

en tef Amen em ḥeb-f nefer âr-f χāā-f nefer na

à mon père Amon dans sa fête bonne, où il fait sa sortie bonne du commencement

tep-ter utu-f-â em ḥotep er maa Amen em ḥeb nefer na

de l'année[4]; il me renverra en paix pour voir Amon dans la fête bonne de

[1] *Anχ-â*, formule de serment. Cf. ⲁⲛⲁϣ «juramentum».

[2] *Tu-â χet-f χera*. Cela veut dire : «je le dégoûterai du combat.»

[3] Piankhi veut dire ici qu'il célébrera à Barkal la fête du commencement de l'année, avant de partir pour rejoindre son armée.

[4] Les textes font connaître cinq fêtes principales du dieu Amon. L'inscription de Piankhi parle ici des deux premières. La première se nommait  «fête du commencement de l'année»; elle se célébrait naturellement le 1er du mois de *Thoth*. On voit ici que Piankhi veut célébrer cette fête à Barkal, avant de partir pour rejoindre son armée. La seconde portait le nom de . Piankhi annonce qu'il viendra la célébrer à Thèbes; en effet, à la ligne 29, nous verrons qu'il

ḥeb ȧp s- χā-ȧ su em sem-f (26) *er ȧp-res*

la panégyrie de Ap; je ferai apparaître lui dans son image à Ap du midi

em ḥebi-f nefer na ḥeb ȧp ḳareḥ em ḥeb men em Uas

dans sa fête bonne de la panégyrie de Ap, la nuit dans la fête établie à Thèbes,

ḥebi ȧr-nef rā em sep tep s-χā-ȧ su er pa-f

fête que fit le dieu Ra dans le commencement; je ferai sortir lui vers sa demeure

ḥotep ḥer nesa[1]*-f ḥau s-āḳ neter ȧbot 3 ša hru 2*

et reposer sur son trône, dans le jour de l'entrée du dieu, mois d'Athyr, jour 2ᵉ.

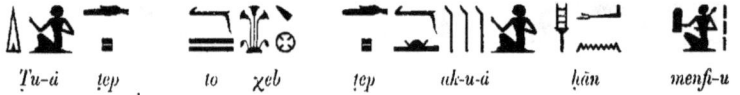

Ṭu-ȧ ṭep to χeb ṭep ȧk-u-ȧ ḥān menfi-u

Je ferai goûter à la basse Égypte. goûter mes ongles. Voici que les soldats

un ṭi ḥer (27) *kam*[2] *soṭem p-χār ȧr en ḥon-f er sen*

(qui) étaient restés en Égypte entendirent la fureur que fit S. M. sur eux.

quitte Barkal pour se diriger vers Thèbes. Le roi dit qu'il fera sortir processionnellement le dieu et donne la date du 2 athyr comme jour de la rentrée du dieu dans son temple; la date du commencement de cette fête est fixée au 19 paophi par le calendrier de Medinet-Abou. (J. de Rougé.)

[1] *Nesa*, « trône. » Il faut faire attention de ne pas confondre les trois signes suivants, dont la lecture est différente : , qui représente la lettre *ḳ*; , qui est la syllabe *χer*, et , hiéroglyphe du trône, dont la phonétique est *nesa*.

[2] *Kemi*. Le caractère qui sert à désigner l'Égypte a dans cette stèle la forme suivante , et quelquefois ; on dirait l'empreinte du pied de l'homme en entier ou seulement à moitié dessinée. Ce ne

ḥān *sen χerau er* *Uab* *Pamaťa-ṭ* [1] *ta* *sen* *su* *ma* *ḳap* [2]

Voici que ils combattirent vers *Uab*, à Oxyrynchus; ils prirent elle comme un orage

en *mu* *hab-sen* *χer* *ḥon-f* *án ḥotep áb* [3]*-f ḥer-s* *ḥān*

d'eau. Ils envoyèrent vers S. M. : il ne calma pas son cœur pour cela. Voici que

sen χerau er *ta-tehni* [4] *uer* *neχt-u* [5] *ḳim-sen* *su*

ils combattirent vers Tatehni (d'une grande victoire?); ils trouvèrent elle (la ville)

meḥ-ta [6] (28) *em menfi-u* *em* *ken* *neb na to χeb* *ḥān*

remplie de soldats, de vaillant tout de la basse Égypte. Voici que

serait donc pas la queue du crocodile, comme on l'a cru jusqu'à ce jour. Sur certains monuments de la XIIe dynastie, on reconnaît encore mieux le dessin du pied de l'homme. Quel peut être le symbolisme de ce signe? Le verbe *kam* signifie quelquefois : «la durée du temps, l'espace du temps.» Le pas de l'homme serait le type de la mesure du temps; ce n'est là qu'une conjecture.

[1] *Pamaťat.* M. Brugsch a déjà identifié cette ville avec ⲠⲈⲘϪⲈ «Oxyrynchus». Le texte de Piankhi la met en rapport avec le XIXe nome, celui de *Uab*, que d'autres documents font également reconnaître pour le nome *Oxyrynchite*.

[2] *Ḳap* «orage». Cf. ϬⲎⲠⲈ «nubes». M. Lauth traduit à tort : «comme une gorgée d'eau,» et rapproche *ḳap* de ϬⲞⲠⲈ «sorbillum».

[3] *Áb.* Le cœur se lit tantôt *áb* et tantôt *ḥati;* il est difficile de dire quel phonétique il faut ici adopter; pour les sentiments de courage, c'est généralement *ḥati* qui est employé.

[4] *Ta-tehni.* Nom du *mer* (grand canal) du XXIe nome, *atef pehu;* ici, il s'agit d'une forteresse voisine de Memphis, d'où le canal prit probablement son nom. Le nom signifie «le front». Cf. ⲦⲈϨⲚⲈ. Le déterminatif paraît un bloc de pierre (à moins que cela ne soit le bassin, comme dans le nom du canal). (J. de Rougé.)

[5] *Uer neχt-u.* M. Lauth traduit : «bien fortifiée.» Il a peut-être raison. Cf. *Mélanges d'arch.* t. II, p. 292, où M. Maspero prend *Ta-tehni-ur-neχta* pour le nom complet de la ville, et l'identifie avec *Tehneh*, en face de *Minieh*. (J. de Rougé.)

[6] *Meḥ-ta.* *Ta* est en général la marque du participe *actif*.

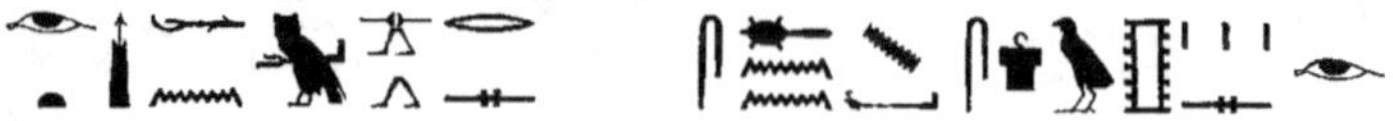

år-t (an)[1] *en maseb er-s* — *s-χanen* — *sau-s* — *år*

fut fait une colonne de pousser contre elle pour renverser ses murailles. On fit

χai āā-t åm sen ån reχ tennu — *ḥnā si en sar*

un carnage grand parmi eux; on ne connaît pas le nombre, avec le fils du prince

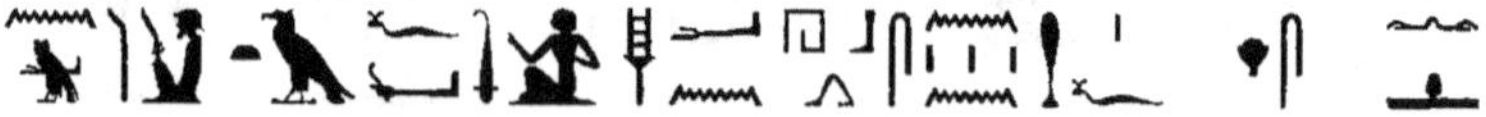

en mā[2] *Tafneχt-tu* — *ḥān hab-sen en ḥon-f ḥer-s ån ḥotep*

des Mašuaš Tafnekht. Voici que ils envoyèrent à S. M. pour cela; ne s'a-

 (29) 

åb-f er-s — *ḥān sen χerau er Ha-bennu*[3]

paisa pas son cœur pour cela. Voici qu'ils combattirent vers Habennu.

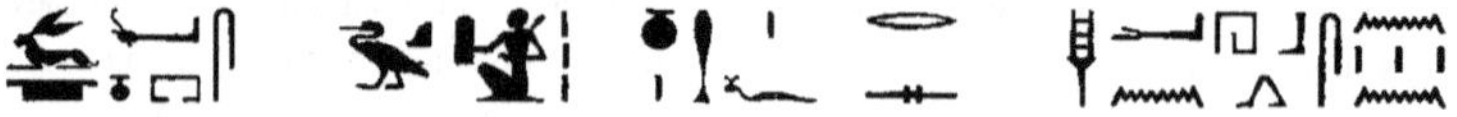

un χen-s[4] *āk menfi-u na ḥon-f er-s* — *ḥān heb-sen en*

Elle ouvrit : entrèrent les soldats de S. M. dans elle. Voici qu'ils envoyèrent vers

[1] Dans sa copie, M. Devéria a interprété ainsi 𓌉, le signe très-détruit sur le monument; c'est évidemment un bélier pour battre les murailles en brèche. Les empreintes semblent plutôt donner la forme suivante 𓌉, C'est peut-être ↓ *sen* «un mât, une colonne». Le déterminatif du mot est celui des objets en bois.

[2] 𓀾 *Mā*. Les *Matai*, population libyenne, furent, selon un papyrus, amenés en Égypte par un *Amenemhé;* les *Mašuaš*, qui sont de même origine, n'apparaissent que sous la XIXe dynastie. Une partie des princes de la basse Égypte étaient de la race des *Ma;* le nom étant en abrégé, il est difficile de dire s'il faut lire *matai* ou *mašuaš*. Ces races se caractérisent par la double plume 𓆄 de leur coiffure. Cf. les stèles du Sérapéum de cette époque.

[3] *Ha-bennu* est, d'après les listes géographiques, le chef-lieu du XVIIIe nome de la haute Égypte, celui de 𓅃, qui était sur la rive orientale du fleuve; peut-être *Hipponon.* (J. de Rougé.)

[4] *Un χen-s,* mot à mot : «ouvrir dans elle».

ḥon-f än ḥotep äb-f er-s (äbot) 1 ša hru 9 äi pu

S. M. ne s'apaisa pas son cœur pour cela. Le mois de Thoth, jour 9 [1], venue faite

är en ḥon-f em χut er Uas ḥetes [2]- nef ḥebi ämen em

par S. M. en descendant vers Thèbes. Il accomplit la fête d'Amon dans

ḥebi äp-t nā pu är en ḥon-f em χut er ṭima

la panégyrie d'Ap. Vint ensuite S. M. en descendant vers la ville

nte Un per ḥon-f em seni [3] nte uäa

de Hermopolis. Sortit S. M. de la cabine de la barque;

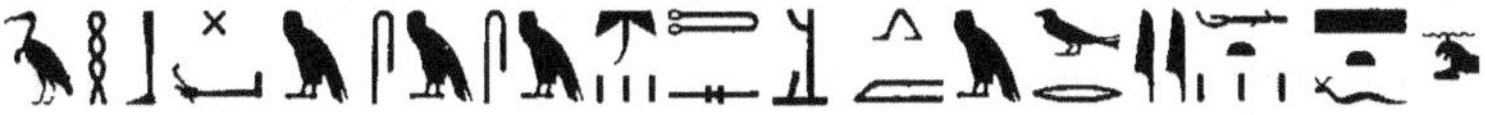

naḥab em semsem-u tes em em uri-t-u šefi-t

mit le joug sur les chevaux; monta sur son char. La terreur

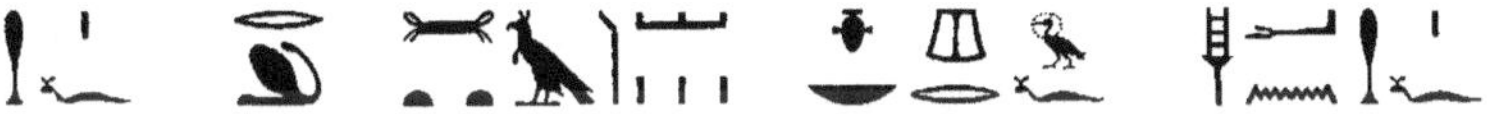

ḥon-f er peḥu Sati-u äb-neb χer stet-f ḥān ḥon-f

de S. M. jusqu'au fond de l'Asie; tout cœur dans sa crainte. Voici que S. M.

[1] Le 9 de Thoth, c'est le jour du départ de Piankhi pour l'Égypte. M. Lauth propose de corriger et de mettre le mois d'*Athyr;* il n'y a pas de raison pour cela. Piankhi part de Barkal le 9 de Thoth et reste à Thèbes jusqu'à la fin des fêtes de *Ap.*

[2] *Hetes.* M. Brugsch l'identifie avec raison avec le mot *ḥetes,* déterminé par , qui signifie «terminer, accomplir».

[3] *Seni,* cabine de la barque. M. Brugsch rapproche à tort, à mon avis, ce mot de שֵׁנִי «second étage». L'assimilation copte CΗΗ «arca», qu'il donne aussi, est préférable.

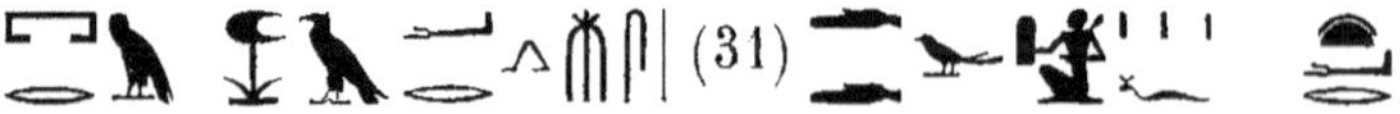

(31)

per em χaā er mes- ṭeṭ-u-f [1] *(menfi-u-f) χār*

sortit en se précipitant vers l'en- nemi (de ses soldats). Se mit en fu-

er-s ma ābi ān āu men [2] *en χera-ten nen uṭefa* [3]

reur contre eux comme une panthère. Si continuant vos combats, retardant

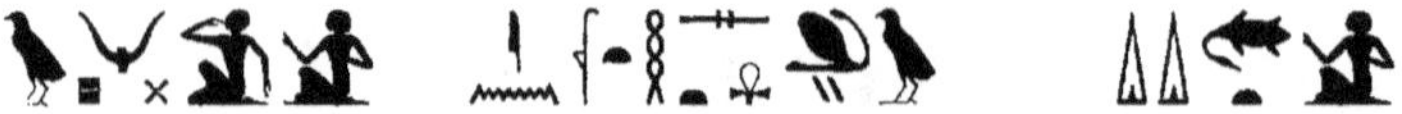

āpu-ā ān ter ḥetes [4] *pehi-u ṭuṭu sent-ā*

mes ordres, si donc vous complétez la rébellion, je donnerai ma terreur

em to χab ār-en-sen seχet ka-t kesen em ḥi ār-t-f

à la basse Égypte. Il fit à eux une défaite longue, désastreuse en frappant; il fit

[1] *Mesṭeṭ-uf.* Il est difficile de dire si est déterminatif du mot *mesṭeṭ*, ou s'il faut traduire : «l'ennemi de ses soldats.»

[2] Le monument porte bien , ce qui est évidemment une faute du graveur pour .

[3] *Uṭefa* «retarder». On ne trouve pas en copte de mot exactement correspondant. Il y a ⲟⲩⲱϣϫⲉϥ «détruire, nuire», qui est plutôt un radical voisin que le même. On rencontre aussi ϫⲟⲟⲩⲧ «morari», qui peut aussi se comparer; l'*f* se change souvent en voyelle et le ⲧ final est ajouté à chaque instant. Le sens «retarder» pour le mot *uṭefa* est garanti par des exemples : ainsi au *Pap. d'Orbiney*, lorsque *Batu* trouve sa belle-sœur occupée à sa coiffure, il lui dit : «Donne-moi vite des grains, mon frère m'attend pour achever de semer; *ne me donne pas de retard*» *em ṭai-t uṭefa-u*. M. Chabas a lu ici *usefa* «être paresseux», qui s'emploie avec le même déterminatif; , espèce de sarcelle, est ici déterminatif phonétique de la syllabe *fa*. Dans le tombeau du prêtre *Aï* (*Denkm.* III, 105), un personnage veut causer avec celui qui vient de recevoir une bourse : «ne me retarde pas, lui est-il répondu, il faut que j'aille où le maître m'envoie». (Pour les négations et de ces deux exemples, cf. la discussion que M. Naville vient de faire à ce sujet, *Zeitschrift*, 1875, p. 168. J. de Rougé.)

[4] *Ter ḥetes.* M. Lauth traduit : «avant la fin de l'année (?)» *Hetes*, c'est «persévérer en finissant», et non pas «cesser». Voyez l. 29.

naf *àm*[1] *er* *ament* *res Sesun* *ḳua*[2] *er-s*

à lui une tente au sud-ouest d'Hermopolis; il l'assiégeait

(32) 

ma (rā)neb *àr-t* *tereri*[3] *er* *ḥebes* *sebti* *tes* *bak*[4]

chaque jour. Il fit des *aggeres* pour couvrir la muraille. Il posa des échelles

er *seχi* *sati-u* *ḥer* *sati* *χaāā-u* *ḥer*

pour l'escalader; des archers pour lancer des traits, des *jeteuses* pour

χā *ānn-u* *ḥer* *sma* *ret* *àm* *sen ma (rā) neb χeper* *en*

jeter des pierres pour tuer homme parmi eux chaque jour. Il fut en

hru 3 *àu* *Un* *s-ḥu-ua-s en* *sen* *ḳa*[5] *em* *χen-*

jours 3; et fut Hermopolis corrompue de nez (respiration), privée de sa respira-

[1] *Am* «la tente royale», et par extension «le camp». Cf. dans les campagnes de Thoutmès et de Ramsès. L'arbre  n'est ici que déterminatif de son.

[2] *Ḳua* «assiéger», mot rare et mal expliqué avant ce texte; c'est «assiéger» dans le sens de «bloquer». Cf. ϭⲱⲟⲩ «resserrer». Ainsi dans l'inscription d'*Ahmès*, on lit à la ligne 24 :  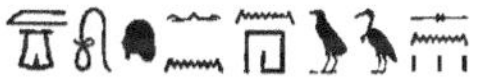 *χer-u-f an-u em ḳua àn nehu sen* «les vaincus il a ramenés eux à l'état de *ḳua*, sans qu'ils puissent résister». A l'état de *ḳua*, c'est-à-dire «liés ensemble».

[3] *Tereri* doit désigner les monticules de terre construits pour approcher des murs de la place forte. Comparez plus loin au siége de Memphis, où le même mot est employé.

[4] *Bak* «échelle», mot nouveau. M. Lauth l'a heureusement rapproché du copte ϣⲟⲩⲕⲓ «scala».

[5] *Ḳa* «cesser, refuser». Cf. ⲕⲱ. On dit du mort qu'il est  *ḳa-ḥeh* «privé de gorge».

(33) 

em-s ḥān[1] *Un er ṭu-t su ḥer χat-s senemeḥ*

tion. Voici que Hermopolis se mit elle-même sur son ventre, implorant

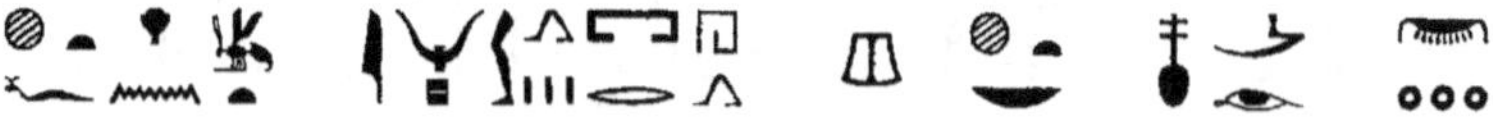

χefte en χeb ȧp-u per ha χer χet neb nefer maa nub

devant le roi; des messagers sortirent venant avec toute chose bonne à voir, de l'or,

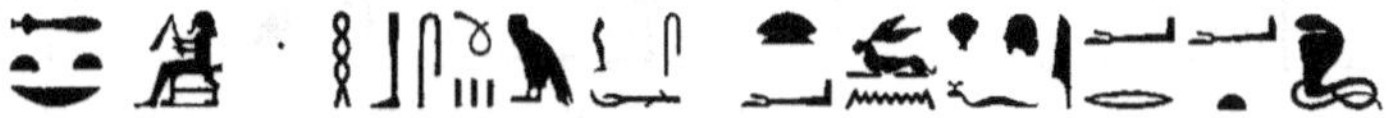

aā-t neb šepes[2] *ḥebes-u em šens*[3] *χaā un ḥer tep-f āārā-t*

des pierres précieuses, des étoffes en *byssus*. Il est apparu, est sur sa tête l'uræus,

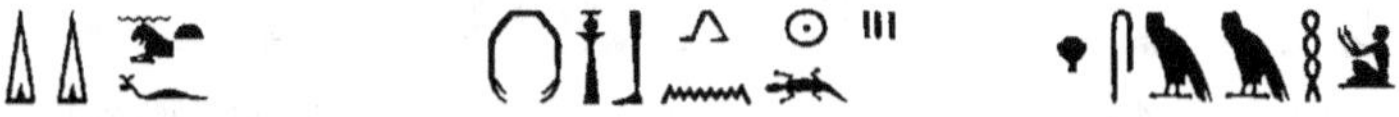

ṭa-ṭa šefi[4]*-t-f ȧn ȧb en hru ašu ḥer senemmeh*[5]

il a donné sa terreur; il n'est pas besoin de jours nombreux pour se soumettre

 (34) 

en urer-f ḥān er ṭa-t iu ḥim-t-f suten ḥim-t

à son diadème. Voici que il fit venir sa femme, royale épouse,

[1] , faute évidente pour .

[2] *Šepes*. Cette lecture pour le signe , que M. Brugsch a trouvée dans le démotique, a été rencontrée depuis dans les textes ptolémaïques.

[3] *Šens*. sert à écrire le nom d'une sorte de gazelle qui a les cornes en forme de lyre; on en avait conclu que le signe pouvait se lire *keh*, parce que la gazelle se nomme en copte ⲔⲈϨⲤⲈ. Mais le nom de cette gazelle spéciale s'écrit sous la IVe dynastie *šens*, ce qui donne le phonétique *šen* pour . Dans notre texte, le mot *šens* se rapporte à des vêtements; il est alors raisonnable de le rapprocher du copte ϢⲈⲚⲤ «byssus».

[4] *Šefi*. Ce radical ne se retrouve plus en copte; le premier sens doit être l'*ardeur*. Pris à l'actif, c'est la *valeur* du roi; au passif, c'est la *terreur* éprouvée par le vaincu.

[5] *Senemmeh*. L'*n* est passé dans le texte par oubli du graveur. Voy. le même mot à la ligne suivante.

suten se-t *Nas-ten-te-meh*[1] *er senemmeḥ* *en* *suten ḥim-t-u* *suten àp-t-*

fille de roi, *Nastentemeh*, pour implorer les royales épouses, les royales concu-

u[2] *suten se-t-u* *suten sen-t-u* *er ṭu-t-nes* *ḥer χa-t-s em pa*

bines, les royales filles, les royales sœurs. Elle se mit sur son ventre dans la demeure

ḥim-t-u *χefte en suten ḥim-t-u* *mā* *ài-na* *en-à suten ḥim-t-u* *suten se-t-u*

des femmes devant les royales épouses : Venez à moi royales épouses, royales filles,

suten sen-t-u *s-ḥotep-ten* *ḥor* *neb* *āḥ*[3] *uer bi-uf*

royales sœurs, apaisez l'Horus, seigneur du palais, grands (sont) ses esprits,

aā-u maχeru-f *àmmā*

grande (est) sa justice[4] !

Lacune de quinze lignes détruites sur le côté gauche de la stèle.

[1] Le dernier caractère de ce nom propre doit être le ; il est mal gravé sur le monument; cependant il se distingue un peu du .

[2] *Suten-ap-tu* « royales favorites ». M. Devéria a bien rapproché ce mot des *χena*. Voyez Devéria, *Papyrus judiciaire*, p. 47.

[3] *Āh* « porte, palais ». Le mot complet s'écrit .

[4] Ici finit le texte de la face antérieure de la stèle; le texte se poursuit sur le flanc gauche; malheureusement les quinze premières lignes de ce côté sont détruites. Après cette lacune, nous nous trouvons au milieu d'un discours à Piankhi du chef vaincu, qui est évidemment Nimrod. Les six premières lignes présentent quelques traces de mots, mais on ne saurait en tirer un sens quelconque.

(51) 

em-k en mā sem-tu sep 2 nemā ār sem-tu nemā sem-tu

. . . .

 (52) 

. . . . *nek matennu en ānχ ān āu-ā seḥi mu-(pe)*

(tu as fermé?) le chemin de la vie. Si je m'élevais vers le ciel

 (53) 

em keser un-nā. . . . . *res-u*

comme une flèche, je serais (atteint par toi?) (vaincus) les pays du midi,

em kes[1] *meḥ-tu āmmā na emma χaibi-k ās un-s bān*

courbés les pays du nord. Puissions-nous être dans ton ombre. Voici cela est mauvais,

 (54) 

su. . . . . *χer ḥotep-u-f . hem pu āb*

lui. . . . . avec ses offrandes. (C'est le gouvernant le cœur, qui fait

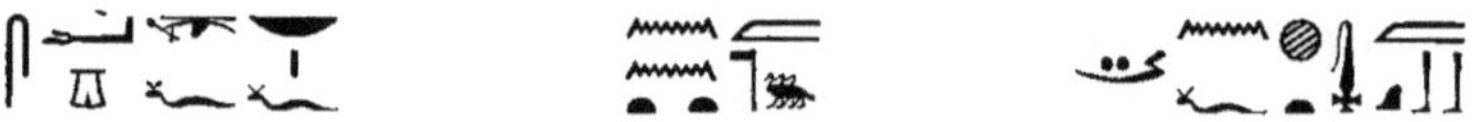

sāḳ-f neb-f en nti em nuter biu maa nef χut em kebeb

perdre son maître?) Celui qui est dans les esprits du dieu, il voit la flamme[2] dans la

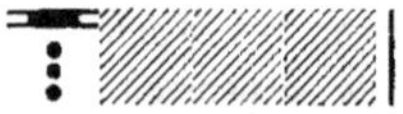 (55) 

ān aau maa m̄ā tef-f ḥesep-u-k[3]

source. . . . . Pas un vieillard n'est vu avec son père; tes districts

[1] *Kes.* Le verbe  «s'incliner, se courber» est bien connu. Sur le monument où se trouve , il y a une faute évidente.

[2] Cela veut dire probablement : «Celui qui est auprès du roi irrité voit la flamme, fût-il plongé dans un bassin.»

[3] *Hesepu-k* «tes pays». Il y a bien , ce qui prouve que le discours de Nimrod continue.

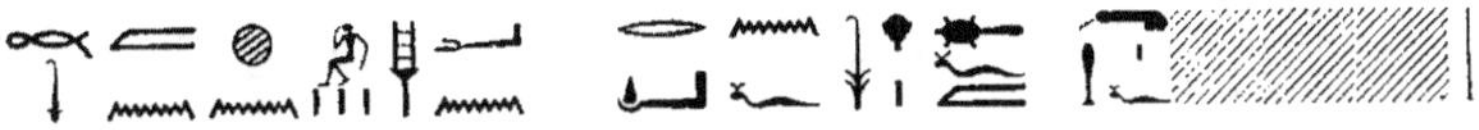

meḥ-ta em neχen-u *ḥān* *er-ṭa* *nef su ḥer χat-f* *em baḥu ḥon-f.....*

sont pleins d'enfants. Voici que il se mit sur son ventre devant S. M........

(56) 

ḥor neb āḥ[1] *ȧn biu-k*[2] *ȧr-s er-ȧ* *nok uā em suten*

Horus, seigneur du palais : Tes esprits ont fait cela à moi. Je (suis) un des royaux

 (57) 

ḥon-u *ḥeter* *em bek-u er* *per-ḥaṭ.........* *(a)p* *bek-*

serviteurs, qui payent leurs tributs au trésor.......... (fais compter) leur

sen *ȧr en* *nek* *em ḥau er sen* *ḥa* *mā*[3] *nef* *ḥaṭ nub* *χesbeṭ*[4] *māfek*

tribut. Je fais à toi plus que eux. Alors il offre l'argent, l'or, le lapis, l'émeraude,

 (58) 

men *nā neb* *ašu* *ḥān* *meḥ per ḥaṭ*

le fer, toute pierre précieuse en grand nombre. Voici qu'il remplit le trésor

em *ȧnnu* *pen* *ȧn-nef* *semsem em unam*[5] *sešeš* *em aboṭ* *sešeš*

de ce tribut. Il amena un cheval de la main droite, un sistre dans la gauche, un

[1] ▮ a souvent pour phonétique ⟶ ⟡ *āḥ*, et quelquefois *sebeχ* [hiéroglyphes], c'est la porte du palais.

[2] *An biu-k*, etc. L'exposant *ȧn* exclut ici l'idée d'une tournure passive.

[3] *Mā* «faire acte de fidélité».

[4] *χesbeṭ, māfek, men.* Comparez l'étude de M. Lepsius sur les noms des métaux (*Die Metalle in den Ægypt. Inschr.* 1872).

[5] [hiéroglyphe] *unam* «la droite», quelquefois [hiéroglyphes], copte ⲟⲩⲛⲁⲙ. [hiéroglyphe] *abeṭ* «la gauche», quelquefois [hiéroglyphes]. Comparez Brugsch, *Diction.* p. 160, et *Zeitschrift*, 1865, p. 12. On voit, dans le tableau du haut de la stèle, le chef vaincu qui amène le cheval à Piankhi; cet usage ne paraît pas ancien en Égypte.

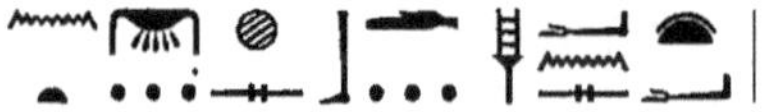

(59)

en nub χesbet ḥān s-χā- f em āḥ-f ut'a er pa

sistre d'or et de lapis. Voici qu'il sortit de son palais, il passa vers la

Thot neb sesun sma-nef āua-u un-t-u[1] *ro-u*

demeure de Thot, seigneur de Sesun, il tua des bœufs, des veaux, des oies

(60)

en tef Thot neb sesun sesun em pa sesun- nu

pour son père Thot, seigneur d'Hermopolis, et les huit dieux dans le temple des

Un ān menfiu[2] *na Un ḥer neham*

huit dieux. Les soldats du nome d'Hermopolis dans l'action de faire éclater leur joie.

(61)

χennu[3] *t'at- sen nefer-u hor ḥotep em nu-t-f*

Les *Khennu* dirent : Très-bon l'Horus (qui) descend dans sa ville,

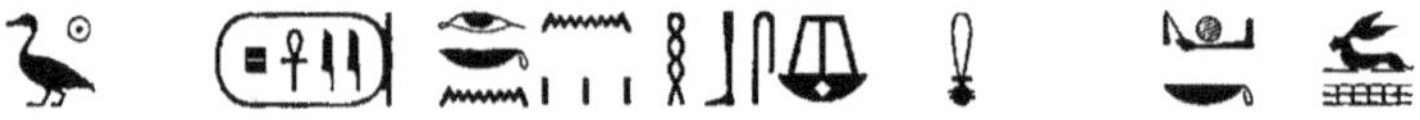

sera Pianχi ār-k en na ḥebes ma χu-k Un

le fils du soleil Piankhi; tu fais à nous une fête parce que tu as protégé *Un.*

[1] *Untu.* Le nom du veau est souvent orthographié [hiéroglyphe] *untu;* mais on trouve aussi les phonétiques *āb, ḥus,* etc.

[2] [hiéroglyphe] *menfiu.* On peut constater ici comme dans plusieurs autres endroits de la stèle que les boucliers des soldats qui composaient l'armée de Piankhi étaient ronds; c'était probablement une forme éthiopienne. Le bouclier porté par l'armée égyptienne a toujours la forme [hiéroglyphe].

[3] *χennu.* Les *χennu* étaient un ordre de prêtres, qui, d'après les énumérations des stèles de la XIIe dynastie, venait après les [hiéroglyphe] *nuter ḥon.* On pourrait les rapprocher du copte ⲡⲉϥϣⲓⲛⲉ «prophète».

 (62) 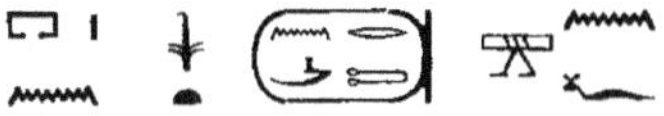

u'a pu àr en ḥon-f er pa en suten Nemrut šem-naf

Lorsque eut passé S. M. vers la demeure du roi Nimrod, il passa dans

āt neb nte suten pa per-ḥat-f u'a-u-f er ṭa-t nef sta[1] *ntu*

toute chambre du royal palais, son trésor, ses magasins; il fit amener à lui

(63) 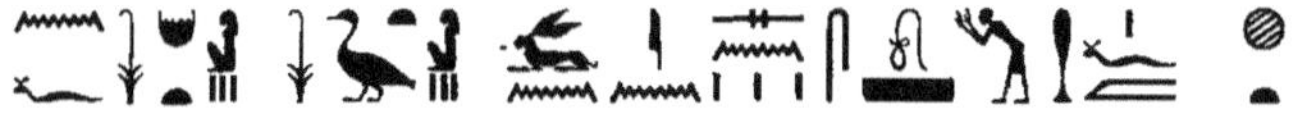

nef suten ḥim-t-u suten se-t-u un àn sen s-uaš ḥon-f em (χet)[2]

les royales épouses, les royales filles. Elles invoquèrent S. M. (à la façon)

 (64) 

ḥim-t-u àn u'a en ḥon-f ḥa-f er sen u'a pu àri[3] *en*

des femmes; ne tourna pas S. M. son visage sur elles. Quand fut passé

ḥon-f er àḥ na sem-sem-u u'a-u en nefer-u[4] *mau nef*

S. M. vers l'écurie des chevaux et le dépôt des jeunes chevaux, il vit (que)

[1] *Sta.* Les empreintes donnent ici le caractère —, dont le phonétique est *stau* «revenir, ramener». La planche de M. Mariette porte —.

[2] *Em χet.* Le caractère ⊙ est douteux; il paraît avoir sur le monument une forme un peu plus allongée, comme celle d'un *n*, par exemple. S'il y a réellement un ⊙, on pourrait voir dans ce mot la préposition *em χet*, qui s'écrit ordinairement , et qui signifie «avec». C'est peut-être aussi : «à la façon des femmes.» Cf. le copte «in modum».

[3] *Àri.* Il y a sur le monument ; c'est une faute évidente pour . Le pluriel III n'a pas de raison d'être.

[4] *Neferu.* Ce mot est souvent déterminé par le cheval; aussi sous les Ptolémées le cheval est souvent employé comme synonyme de l'adjectif *nefer* «bon». On disait des *neferu*, pour de jeunes chevaux; de même qu'on appelait *neferu* de jeunes guerriers, de jeunes filles.

(65) 

s-ḥeker-sen *ṭaṭ-f* *ānχ-ȧ*[1] *meri-ȧ* *rā* *ḥun*

on avait affamé eux. Il dit : Par ma vie! par l'amour de Ra (qui) rajeunit

 (66) 

fent-ȧ *em* *ānχ*[2] *kesen-u* *nen* *ḥeri-ȧ* *s-ḥe-* *ker* *semsem-*

mon nez dans la vie, est pénible cela pour moi af- famer mes che-

u-ȧ *er* *beta* *neb* *ȧr-nek* *em* *kefa* *ȧb-k*

vaux plus que toute offense que tu as faite. Ne rebelle pas ton cœur!

 (67) 

mater-nȧ-tu *senṭi* *en* *neb* *ma* *ret-u-k* *ȧn* *ȧu*

j'attesterai la terreur du maître à tes gens. Est-ce que

χem-nek *nuter* *χaibi* *ḥer-ȧ* *ȧn* *uha* *nef* *sep-ȧ* *ḥa*[3]

tu oublies l'ombre divine de mon visage, on n'échappe pas à mon courage. Certes!

 (68) 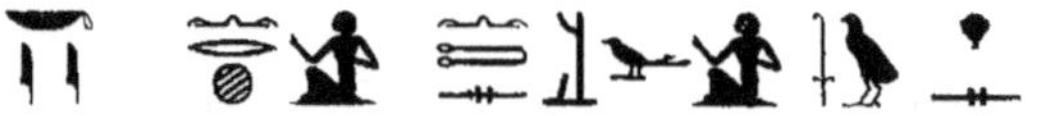

ȧr-s *nȧ* *ki* *ȧn* *reχ-ȧ* *ȧn* *tes-ȧ* *su*[4] *ḥer-s*

a fait cela à moi un autre je ne le connais pas, je ne relève pas lui sur cela[5].

[1] *Anχȧ*, mot à mot «je vis»; formule de serment. De là est venu le copte ⲱⲛⲉϣ «jurare».

[2] *Ḥun fent-ȧ em ānχ*, c'est-à-dire : «qui me donne de nouveaux souffles de vie.»

[3] *Ha* , interjection, comme l'indique le déterminatif. Cf. le copte ϩⲁⲓⲟ «utique!»

[4] *Su*. Il y a  sur le monument; c'est une faute du graveur pour .

[5] «Certes! si un autre à moi inconnu eût fait une pareille faute, je ne lui eusse pas pardonné!»

nek mes em χa-t *s-χeper em suḥ-t nuter*[1] *ut-* *u*[2] *nuter âm-â*

Je suis enfanté dans le sein, j'ai été formé en œuf divin; a en- gendré le dieu en moi;

uaḥ ka-f *ân âr-â em χem-f* *ntuf utu*[4]*-nâ*

il a placé (en moi) sa personne; je ne fais rien en l'omettant[3]. C'est lui qui a ordonné

âr-t *ḥān* *sâp*[5] *χet-f er* *per-ḥat'* *uta*[6]*-f er*

à moi l'action. Voici que il destina de ces choses pour le trésor, ses magasins pour

nuter ḥotep *nte* *âmen* *em ap-u* *âi* *pu* *âri en ḥek en* *χenensu*

le sacré domaine d'Amon dans Thèbes. Venue être faite par le roi d'Héracléopolis

Pef-āā-bast *χer* *ân-nu* *er per-aa* *nub* *ḥat'* *aā-t*

Pef-aa-bast avec des présents vers le roi, de l'or, de l'argent, pierre

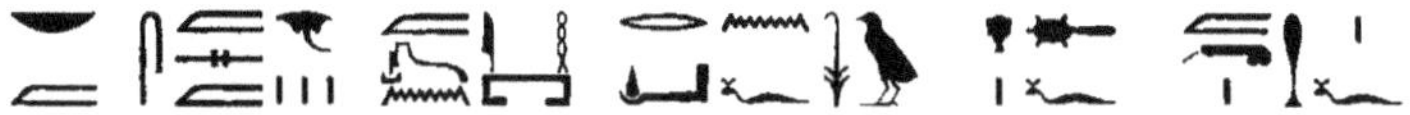

neb em *semsem-u* *em sotep en âḥ* *er ta* *nef* *su* *ḥer χa-f* *em baḥu ḥon-f*

toute, en chevaux choisis de l'écurie. Il se mit sur son ventre devant S. M.

[1] «Lorsque j'ai été enfanté, j'ai été formé en œuf divin.»

[2] se lit ordinairement *met*, mais c'est un polyphone. On trouve ; aussi Champollion l'avait déjà rapproché du copte ⲟⲩⲟⲧ «germen».

[3] «Je suis sa personnification; je ne fais rien sans lui.»

[4] est une faute du monument pour *utu*.

[5] *Sap* est la forme causative de *ap* «juger». *Sap* est souvent employé dans le sens de «faire l'inspection»; ici il a le sens dérivé «reviser, destiner».

[6] «magasins». On connaît deux phonétiques : *uta* et *šenti*.

 (72) 

tʼaṭ-f *anetʼ ḥa-k* *ḥor* *suten neχ-t* *ka* *haṭ*

(et) il dit : Hommage à toi Horus ! roi victorieux ! taureau qui repousses

ka-u [1] *šuṭ-á* (*seba-*)*t* [2] *tʼes* [3] *kuá* *em kek* *ṭu-ṭu ná he-*

les taureaux ! J'ai creusé l'enfer, j'étais plongé dans la nuit ; est donnée à moi la

(73) 

tʼatʼ *ḥer-f* *án kam-ná* *mer-á* [4] *en hau*

lumière pour (sortir de) cela. Je n'ai pas trouvé un homme dans le jour

kesen *ḥā-t-f* *em hau en χera* *ap* *ntuk* *pe suten* *neχt*

du malheur, qui assistât dans le jour du combat, excepté toi, ô roi [5] victorieux !

 (74) 

kefa- [6] *nek* *kak* [7] *ḥer-á* *áu-á* *er* *bak*

Tu as chassé les ténèbres de dessus moi. Je suis en serviteur

[1] M. Lauth traduit : « Horus, qui gouvernes les taureaux et effrayes les vaches. » Il y a bien clairement deux taureaux sur le monument, et l'image est bien plus naturelle ainsi.

[2] *Seba-t.* La lecture de l'étoile, comme signe du domaine infernal, est encore indécise. Le sens de la phrase est : « J'étais au plus profond de l'enfer. »

[3] *Tʼes* est « la profondeur ». M. Lauth passe *ḥer-f*, qui se rapporte aux ténèbres ; *kake* est en effet masculin : « la lumière m'est donnée après cela (les ténèbres). »

[4] *Mera* est souvent employé pour désigner les hommes en général. Ce mot peut venir du radical *mer* « mourir » ; ce serait « les mortels ». Peut-être faudrait-il traduire ici « un ami », mais le déterminatif est alors  ; il faudrait supposer une faute de gravure.

[5] *Pe suten.* Remarquez la tournure du vocatif avec l'article ; ce qui s'est conservé en copte.

[6] *Kefa.* Cf. le copte ⲕⲱⲱⲱϥⲉ « cogere, inhibere ».

[7] *Kak.* Il y a sur le monument , ce qui est une faute évidente pour . Cf. la ligne 72.

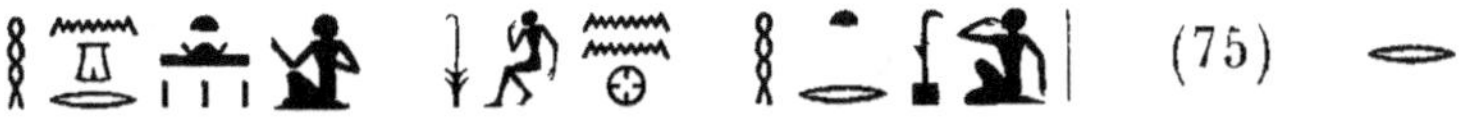

(75)

ḥn(ā) χer-tu-à χenensu ḥeter er

avec tous mes biens. Hnes donne ses tributs[1] à

āri-k tut às Hor em aχu ḥer (tep) àχem-u sek-u

ton palais. Voici l'image d'Armachis au-dessus des (constellations?)

(76)

un nef un nek em suten àn sek-f àn

Son existence est ton existence en roi; il n'éprouve pas de diminution, tu n'éprouves

sek-k suten χab Pianχi ānχ t'eta χut pu

aucun dommage, roi Piankhi vivant à toujours! Navigation faite

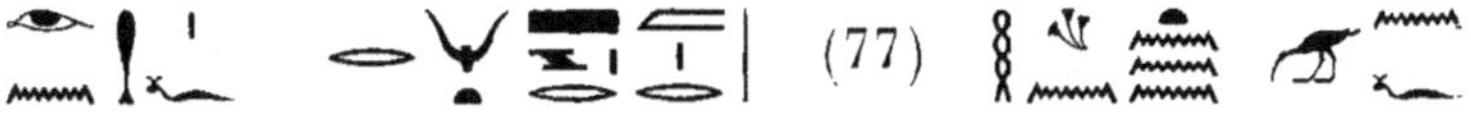

(77)

àr en ḥon-f er ap še[2] er ma Ro- ḥen[3] kim-nef

par S. M. vers le commencement du bassin au lieu de *Rohen*. Il trouva

pa ra-χem-χeper[4] sau-f tes χutem[5]-f χutem meḥ em

la ville de Pa-ra-khem-kheper ses murailles élevées; sa clôture fermée; pleine de

[1] *Hetar*. Ce mot signifie «payer tribut».

[2] *Ap še* «le commencement du bassin», c'est-à-dire le Fayoum qui est appelé, dans le *Papyrus de Boulaq*, II : *to še* «le pays du bassin».

[3] *Roḥen*, localité citée dans le même papyrus (*Boulaq*, II, 10e demeure), sous la forme *ro-hun;* ce nom signifie : «l'entrée du *hun*,» qui est un autre nom du Fayoum. On peut comparer ce nom à la localité moderne d'*Illahun*, située à l'entrée du Fayoum.

[4] *Pa-ra-χem-χeper*. Plusieurs rois ont porté ce prénom.

[5] *χut* est ici pour *χotem*, phonétique ordinaire.

ken neb nte to χab hān hon-f hāb en sen em tat ānχ-u

tout vaillant de la basse Égypte. Voici que S. M. envoya à eux en disant : Vous

 (78) 

em mer[1] *šua*[2] *hur-u ānχ-*

qui vivez dans la mort (?), faibles .... misérables. Vous

u em mer[3] *ār seše at ān un-na māk-ten em*

qui vivez dans la mort, si se passe un instant sans ouvrir à moi, vous êtes à l'état de

āp χer-u χer (hā?)[4] *pu en suten em šenā seba-u na ānχ-ten*

juger des massacres. Très-pénible serait au roi; ne fermez pas les portes de vos vies

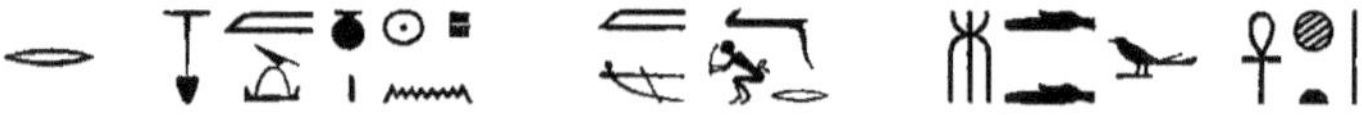

er[5] *sam nemma*[6] *na ra pen em mer mer mestet ānχ*

pour l'échafaud de ce jour; n'aimez pas la mort, (pour) détester la vie.

[1] Il faut peut-être traduire : «vous qui vivez dans la ville,» en prenant ⊗ pour ⊕ et en supposant ◆ auparavant.

[2] *Šua*, mot rare. Au *Papyrus Sallier*, l. 25, on trouve la phrase : «Je donne à celui qui me *šaua*» (déterminé ici par [hiéroglyphe] [hiéroglyphe]), et il est en parallélisme avec *nemmuh* «faible, implorer». Dans une inscription de Médinet-Abu, *šaua* est opposé à *grands*. M. Goodwin (*Zeitschr. für Ægypt. Sprache*) donne trois exemples de ce mot avec le même sens. — Lacune de deux ou trois mots.

[3] *Anχ-u em mer*. Il faut remarquer que dans cette stèle la mort est toujours écrite [hiéroglyphe].

[4] *χer-ha*. Voyez pour ce mot à la ligne 131.

[5] *Er*. Remarquez le rôle de ⊂⊃ *er*, préposition qui divise deux idées présentées par opposition.

[6] *Sam nemma*. Le phonétique du groupe [hiéroglyphe], qui représente le couteau sur le billot, est [hiéroglyphes] *nemmā*. Cette phrase signifie : «Ne vous fermez pas la porte (que je vous ouvre) pour vivre, au lieu de l'échafaud de ce jour.»

(79)

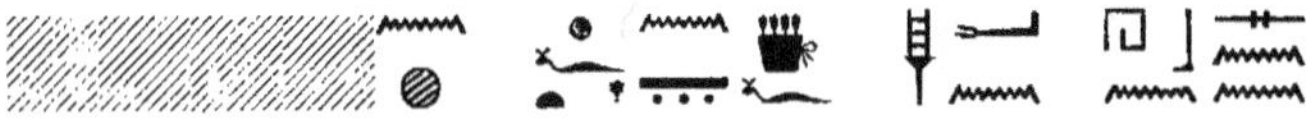

. . . . nχ χefte en to ter-f ḫän ḥab en sen en

. . . . à la face du pays entier. Voici que ils envoyèrent à

ḥon-f er ṭaṭ māk nuter χaibi-t ḥer tep-k se nut [2] ṭu-f nek

S. M. pour dire : Puisque est l'ombre du dieu sur ta tête, le fils de *Nut* t'a prêté

ṭoṭ-ui-f ka āb-k [3] χeper ḥer-ā ma per em ro

ses deux mains. La parole de ton cœur se fait à l'instant, comme ce qui sort de la

en nuter māk su [4] mes-tu-k en nuter ḥer maa na em ro

bouche d'un dieu, car tu es enfanté d'un dieu; nous voyons cela par la bouche de

(ṭoṭ-ui)-k [5] māk nu-t-k χotem-(u-)f (80) . . . . àm āk

tes mains. Est ta ville et ses clôtures (en ta puissance?). Que (puisse) entrer

āk-(i) àm pere per(i)-u àr ḥon-f merer-f ḫän sen

un entrant, que (puisse) sortir les sortants. A fait S. M. son désir [6]. Voici que eux

[1] Lacune de deux ou trois mots.

[2] *Se nu-t* «fils de Nut». C'est *Set* qui est ici désigné et non Osiris. Set est ici plus en situation, puisqu'il représente la royauté de la basse Égypte.

[3] *Ka-āb-k* «la parole de ton cœur : ce que tu désires».

[4] *Māk-su. Māk*, auxiliaire «être» qui passe à la conjonction ; *su*, pronom neutre. Mot à mot : «étant cela.»

[5] *Ro ṭoṭ-ui-k*, mot à mot : «la bouche de tes mains,» c'est-à-dire «par tes œuvres». C'est un exemple de l'abus des types pronominaux.

[6] Le roi leur accorda ce qu'ils désiraient.

pere *ḥn(ā) si en (sar) en Mā* *Tafneχt* *āk pu*

sortirent avec le fils du chef des *Mašuaš* Tafnekht. (Lorsque) entrée fut faite

ār en menfiu na *ḥon-f* *er-s ān* *sma* *nef uā em* *ret* *neb* *kim*

par les soldats de S. M. dans elle, il ne tua pas un d'homme aucun, (qu')il

nef (81) . . . . *ḥn(ā) sahu-u*[1] *er χotem* *āš-*

trouva. (Le roi envoya ses. . . . .) avec ses chanceliers pour sceller le dépôt

u-[2]*f* *sāp* *per-ḥat-u-f er* *per-ḥat'* *šenti-u-f er nuter*

des titres? Il vérifia ses trésors pour le trésor (royal); ses greniers pour les sacrées

hotep-u en tef-f *āmen rā neb* *nesa-u to-ui* *uā* *pu* *ār en*

offrandes de son père Amon-Ra, seigneur des trônes du monde. (Lorsque) fut allé

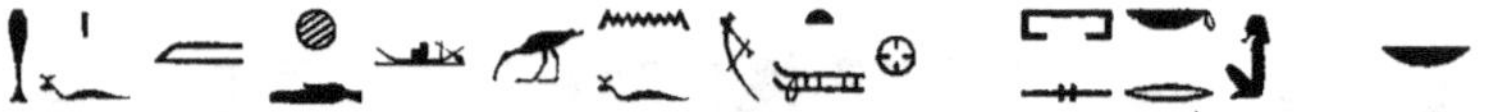

ḥon-f *em* *χut* *kim-naf* *Mer-tum*[3] *pa* *sokar* *neb*

le roi en descendant, il trouva *Mertum*, la demeure de Sokaris, seigneur

[1] *sahu*, un sceau que certains dignitaires portent au cou; on a trouvé plusieurs lectures pour ce signe. Au Rituel, il indique des dignités qui ont rapport avec certaines fonctions de chancellerie.

[2] *āšu*, mot nouveau. Il est déterminé par le papyrus; peut-être sont-ce des *registres?*

[3] *Meri-tum* et *Pa sokar neb s-hat'*. Le verbe *χutem-nas*, qui est au singulier, semble indiquer que ces deux noms appartiennent au même lieu : désignant le temple ou le nom sacré. Le roi vient du Fayoum *em χut*, ou du moins de *Paraχemχeper*; *Meritum* peut donc être non loin du Fayoum, dans la direction de Memphis. La reddition de *Paraχemχeper* avait suffi pour amener la soumission du

sehaṭ *χotem* *nes* *àu* *àn* *peḥu-s* *ṭa-nes* *χerau*

d'illumination qui était fermée. Il ne l'avait pas atteinte, (quand) elle fit un combat

em *àb-s*[1] *šep* . . . .[2] *sen* *senṭ* *šefi-t*

dans son sein. (avait saisi) eux la peur; la terreur

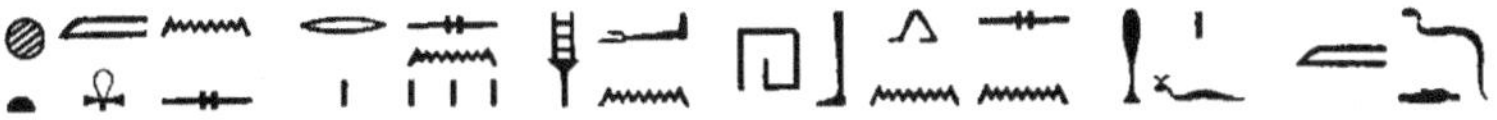

χotem *nes* *ro* *sen* *ḥān* *hàb* *en* *sen* *ḥon-f* *em* *ṭaṭ*

avait fermé leur bouche. Voici envoya à eux S. M. en disant :

mā-ten[3] *(ua)-ti* *em* *ḥer-ten* *sotep-ten* *er* *merer-ten* *un*

Placez deux voies devant vos faces; choisissez suivant votre désir : ouvrir,

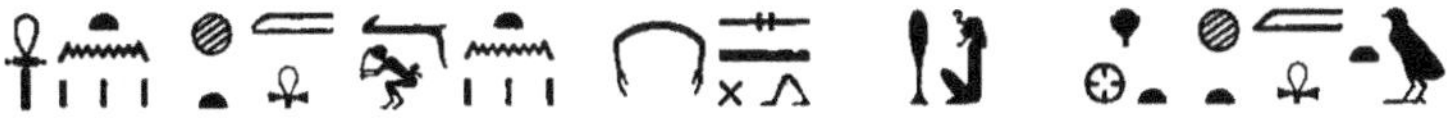

ānχ-ten *χutem* *mer-ten* *àn* *seše* *ḥon-à* *ḥer* *nu-t* *χotem-tu*

vous vivrez; fermer, vous mourrez. Ne passera pas ma Majesté devant une ville fermée.

ḥān *un-en-sen* *ḥer-ā* *āk* *en* *ḥon-f* *er* *χennu*[4] *en* *nu-t* *ten* *mā-nef*

Voici qu'ils ouvrirent à l'instant; entra S. M. dans l'intérieur de cette ville. Il offrit

Fayoum. On ne parle pas d'*Héracléopolis*, qui était regardée comme alliée. (Voyez ci-dessus.)

[1] «On se battait à l'intérieur : les uns voulaient se rendre, les autres continuer la lutte.»

[2] Lacune de quatre ou cinq mots. M. Lauth traduit : «Il n'était pas possible d'y arriver.» Outre que ces mots ne se relient pas avec la suite du texte, Piankhi ne pouvait pas dire cela.

[3] *Maten-ua-ti*, etc., c'est-à-dire : «choisissez entre les deux lignes de conduite que vous avez à tenir : ouvrir ou fermer.»

[4] *χennu*, ordinairement écrit . Ici  est omis. *Er χennu* signifie «dans l'intérieur».

(83) 

. . . . [1] *menḥi* [2] *χent* *s-ḥat'* [3] *s-āp*

. . . . Menhi dans la ville de *Sehat'*. Il vérifia

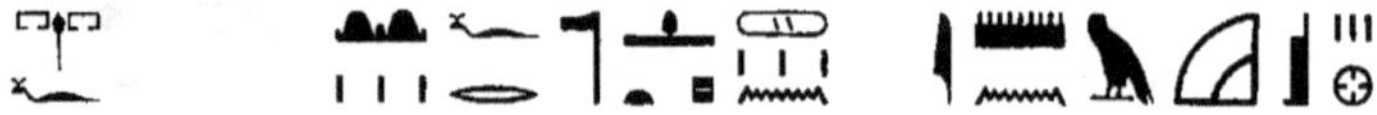

per-ḥat'-f *šenti-u-f er* *nuter ḥotep-u en* *Amen-em-ap-u*

sa maison du trésor, ses greniers pour les divines offrandes d'Amon dans Ap.

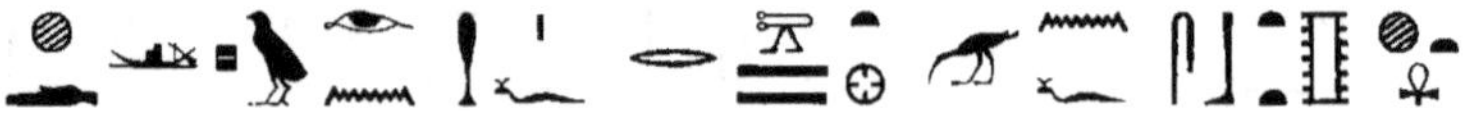

χut *pu* *ār en* *ḥon-f* *er* *Ta-to-ui* [4] *kim* *naf* *sebti* *χutem*

Étant descendu le roi vers Tatoui, il trouva le rempart fermé,

[1] Lacune de trois ou quatre mots au moins. Il y avait là sans doute l'énumération des divinités de *Meri-tum*.

[2] *Menḥi*. C'est un des noms de la déesse *Seχet;* toutefois il faut remarquer qu'il n'y a pas ici le signe du féminin, et qu'il y a le déterminatif *dieu* [hiéroglyphe], et non [hiéroglyphe], celui des déesses.

[3] *S-ḥat*. Abrégé de [hiéroglyphes] *Pa sokari-neb sehat'*, autre nom de la ville de *Meritum*. Cf. ci-dessus, l. 81 : [hiéroglyphes] *Meritum*, peut être comparé à *Meidun*.

[4] [hiéroglyphes] *Tato-ui*. Le nom de cette place forte, que M. Lauth a méconnue dans sa traduction, est écrit sur d'autres monuments [hiéroglyphes] avec une enceinte fortifiée. D'après la marche du récit, on voit que cette ville était située au midi et non loin de Memphis, où Piankhi arrive ensuite directement. En effet, dans un passage d'un texte d'Edfou, qui comprend les mesures de l'Égypte (voyez *Album photographique de la mission d'Égypte*, vicomte E. de Rougé, pl. XXI, l. 9), *Tatoui* est citée comme la limite de la basse Égypte, car on compte les mesures à partir de cette ville. Voyez aussi le passage de l'inscription de Piankhi (l. 3). Cette place, par sa position et sa force, commandait sans doute la haute et la basse Égypte; de là lui est venu son nom, qui signifie : « dominant les deux régions. » Aussi au papyrus royal de Turin, dans la rubrique, malheureusement mutilée, qui précède la XIIe dynastie, on voit encore le nom de cette place. On comptait probablement l'avénement définitif d'*Amenemha Ier* depuis le moment décisif où il l'avait occupée; certains textes font en effet connaître le fait d'une guerre civile antérieure à la reconnaissance de ce prince. Deux stèles de *Boulaq* de la XIIe dynastie mentionnent cette ville. Enfin, au point de vue mythologique, un texte d'Edfou, concernant les heures du jour et visible au temps de Rosellini (pl. XXXVIII), portait ces mots : [hiéroglyphes] « (Le soleil) fait sa transformation en enfant comme l'*Horus*

àneb-u[1] *meḥ*[2] *em* *menfi-u* *ken* *na to χab* *ḥān*

les murailles pleines de soldats vaillants de la basse Égypte. Voici que

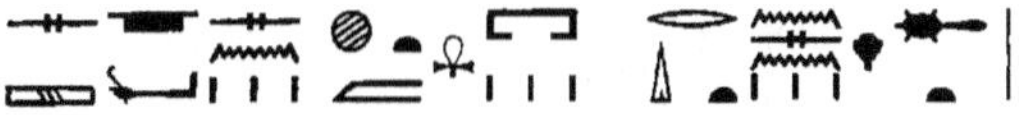 (84)

seš-sen *χutem-u* *er ṭut en sen ḥer χat* . . . .

ils ouvrirent leurs clôtures; ils se mirent sur le ventre. (Ils envoyèrent

. . . . *ḥon-f* *utu*[3]*-nak* *tef-k* *uāā-f*[4] *nte neb to-ui*

dire à) S. M. : A ordonné pour toi ton père son héritage de seigneur des deux mondes.

ntuk *am*[5] *sen* *ntuk neb nti ḥer sa to* *uta* *pu* *àr en*

Tu es dans eux; tu es le seigneur qui (est) au-dessus du monde. Lorsque fut passée

ḥon-f *er ṭà* *mā* *āb* *aā en* *nuteru* *amu nu-t*[6] *ten* *em* *àua-u*

S. M. il offrit une offrande grande aux dieux qui sont dans cette ville, en bœufs,

de *Tatoui.* » Nous pouvons en conclure que le dieu de cette ville était un Horus enfant.

[1] *Anebu* désigne principalement la muraille qui fait la clôture; doit venir de la racine ⲁ *ān* « faire le tour ».

[2] *Meḥ*, au sens propre « remplir ». Au figuré « tenir, posséder, occuper »; alors il est déterminé par ⲁ et quelquefois par ⲁ.

[3] *utu*, déterminé par ⲁ, signifie « ordonner »; et déterminé par ⲁ, il veut dire « aller ».

[4] . Le petit veau couché a les deux valeurs *u* et *w*. Le cartouche de Darius est souvent terminé par *weš*; c'est exactement la lecture persane *Dariavesch.* Il est ainsi écrit sur la statue naophore du Vatican, et ce n'est pas une faute. Dans les cartouches ptolémaïques, suit toujours la qualification de fils; il signifie « héritier » à Beni-Hassan. C'est donc « fils héritier ».

[5] Il y a *am sen*, et non , comme le portent les publications.

[6] *Nu-t ten.* M. Lauth a bien traduit « cette ville »; il aurait dû voir qu'il s'agissait d'une nouvelle ville et de nouvelles offrandes, et être amené à reconnaître le nom de *Ta-to-ui.*

un-tu ro-u χet neb nefer āb ḥān sāp per ḥat-f er

veaux, oies, toute chose bonne, pure. Voici que il vérifia son trésor pour le

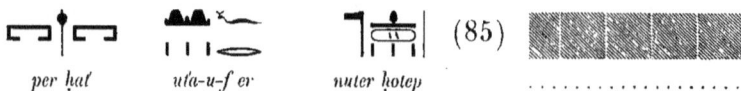

(85)

per ḥat uta-u-f er nuter ḥotep . . . .

trésor royal, ses magasins pour les offrandes sacrées . . . . . .Lorsque S. M. se

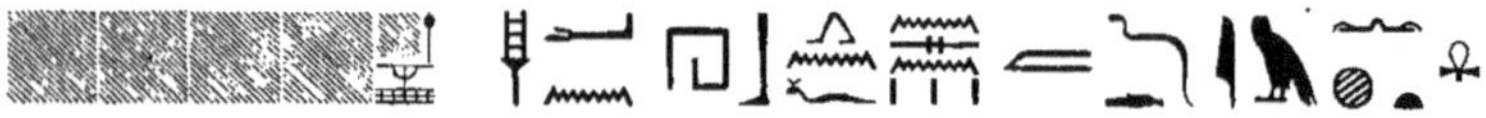

. . . .[1] *aneb ḥat*[2] *ḥān hāb- nef en sen em ṭaṭ ām χutem*

fut approchée de Memphis, voici que il envoya à eux en disant : Ne fermez pas,

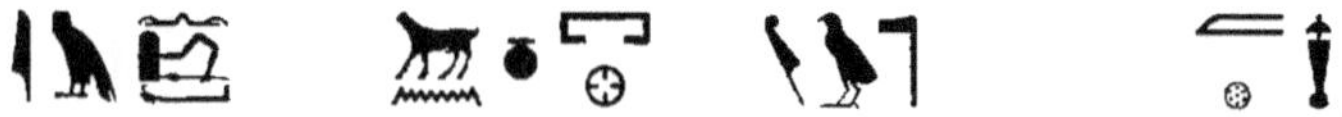

ām χerau χennu[3] *nu-t šu*[4] *em sep tep*

ne combattez pas (vous qui êtes) dans la ville. Le dieu *Su* au commencement des temps;

āk-ā āk-f per-(ā) per-f ān χesef-tu[5] *šemu-ā*

mon entrée est son entrée; ma sortie est sa sortie. N'étant pas repoussée ma marche

uṭen-ā āb en Ptaḥ en nuteru amu āneb-ḥat ṭerep-ā

je consacrerai une offrande à Ptah et aux dieux qui sont dans Memphis. J'accomplirai

[1] Cette lacune renfermait certainement l'annonce de l'arrivée devant Memphis.

[2] (*Aneb*)-*hat*. Les empreintes donnent clairement pour le second signe, le seul qui subsiste sur le monument, et non , comme le portent les publications de M. Mariette.

[3] *χennu*. M. Lauth traduit : «Ne combattez pas dans la ville de *χennu*.» C'est un contre-sens : *χennu* veut dire «dedans» et n'est pas ici un nom propre.

[4] *Šu*. Le règne mythologique du dieu *Šu* était resté célèbre comme bienfaisant; c'est le modèle idéal des règnes des rois : «J'entrerai et je sortirai comme *Šu*,» c'est-à-dire «sans vous faire de mal».

[5] *An χesef-tu*. M. Lauth traduit : «Irrésistibles sont mes pas.» C'est un contre-sens : *ān* est ici la négation conditionnelle. «Si vous ne repoussez pas ma marche, etc.» La tournure est une sorte d'ablatif absolu.

sokar *em šeta* *maa-â* *âneb-f-res* [1] *χut-â* [2]

les rites de *Sokaris* dans le temple de *Seta;* je contemplerai Ptah. Je m'en irai

em hotep .... *aneb ḥat* *at senb* [3] *ân*

pacifiquement .... Memphis avec douceur et sauf; ne

rem-tu [4] *neχen-u* *maa* *mâref-ten* *ḥesep-u tap* *res* *ân*

pleurant pas les enfants. Voyez les nomes du midi; n'a

smâ-tu *uâ neb* *âm* *api* *sebâ-u* *uaā* [5] *ḥer nuter*

pas été tué quelqu'un dedans excepté l'impie qui blasphémait contre le dieu;

âr-t *nemma* *em* *χak* [6]*-u* *ḥān* *χutem-sen* *χutem-sen* *ṭu-sen*

a été fait l'échafaud pour l'impie. Voici qu'ils fermèrent leurs clôtures; ils firent

[1] *Aneb-res-f,* mot à mot : «celui à qui appartient le rempart du midi.» C'est un titre de Ptah à Memphis.

[2] *χut-â,* c'est-à-dire : «je descendrai vers la basse Égypte;» mot à mot : «je m'en vais.» On ne peut supposer ici l'emploi du passé, comme M. Lauth l'a traduit.

[3] *Āt senb.* ⟨hiéroglyphe⟩ *āṭ.* M. Brugsch (*Dict.*) le rapproche du copte ϩⲱⲧⲉ «temperare». Dans le *Papyrus Rhind,* ce mot est mis en parallélisme avec ⟨hiéroglyphes⟩ *s-nefer* «bienfaisant» et ⟨hiéroglyphes⟩ *ṭa-munχ* «bienfaisant»; ici il est lié à *senb* «en santé, sans dommage»; *āṭ* signifie donc «avec douceur». La lacune qui précède empêche de saisir l'ensemble de la phrase, mais le sens général devait être, que Memphis ne subirait pas de dommages, si elle ne s'opposait pas à la marche de Piankhi.

M. Lauth a traduit à tort : «sans qu'une main soit coupée.»

[4] *An rem-tu,* c'est-à-dire : «sans qu'un enfant ait l'occasion de pleurer.»

[5] ⟨hiéroglyphes⟩ *uaā.* Cf. ⲟⲩⲁ «blasphème» (Brugsch, *Dict.*); cela veut dire : «excepté celui qui ne reconnaissait pas l'autorité du roi.»

[6] *Ar-t nemma em χak-u* «l'échafaud

pere menfi-u   er neh-u   em menfi-u na ḥon-f em [1]   uba-u   mur-

sortir des soldats vers un petit nombre de soldats de S. M. à l'état d'artisans, de chefs

kut   saṭ-iu   (87)   ....   meri   nte ȧneb-ḥaṭ

de maçons, de marins   ....   la rive de *Memphis*.

ȧs [2]   uer pef en   sa   sper   er   ȧneb haṭ   em   uχa [3]   her

Voici que   ce prince de Saïs s'approcha de   Memphis   dans la soirée,   donnant

ḥan [4]   en   menfi-u-f   χenen-f   tep neb en menfi-u-f temeṭ [5]

des préceptes à ses soldats, à ses matelots, à tous les chefs de ses soldats; ensemble :

ret-u   8,000   her ḥen en sen uer uer   māk [6]   Mennefer

hommes   8,000; en leur recommandant beaucoup : Étant que   Memphis.

n'est fait que pour les impies». M. Lauth a traduit : «et ceux qui ont donné un exemple d'obstination.» Il a probablement lu ⳩ *sem* «image, exemple», au lieu de ⳩, le couteau sur le billot, qui y est en réalité.

[1] *Em uba-u*, etc. Est-ce le détachement de Piankhi ou les gens de la sortie? MM. Brugsch et Lauth ont traduit *em* par «déguisés en»; mais on ne se déguise pas pour attaquer un détachement; *em* est plutôt l'*m* d'état; c'est Piankhi qui, pour une reconnaissance ou des travaux d'approche, emploie des hommes de métier.

[2] *As*, particule qui s'emploie d'ordinaire pour un fait déjà existant.

[3] *Uχa.* Cf. le copte ⲟⲩϣⲏ «nuit».

[4] ⳩ *ḥen*, ordinairement déterminé dans ce sens par ⳩. Cf. le copte ⲋⲱⲛ «jubere» (Brugsch, *Dict.*).

[5] ⳩, abréviation fréquente pour ⳩ *temeṭ* «ensemble»; signe du total dans les comptes.

[6] *Māk*, type pronominal, employé ici comme conjonction.

meḥ em menfi-u *em tep neb na* *to χab* *serti*[1] *buṭi*

pleine de soldats, de tout ce qu'il y a de meilleur de la basse Égypte; d'orge, de blé;

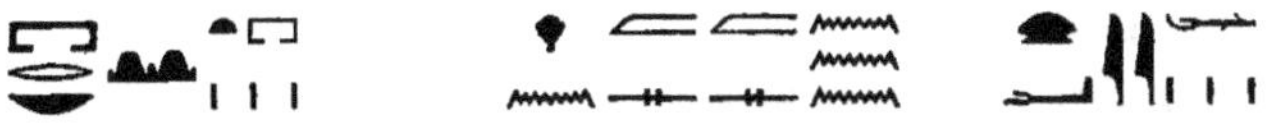

per[2] *neb uťa-u* *ḥer en* *mes-mes*[3] *χāi-u*

toute espèce de grains des greniers, au-dessus de toute mesure; toute espèce d'usten-

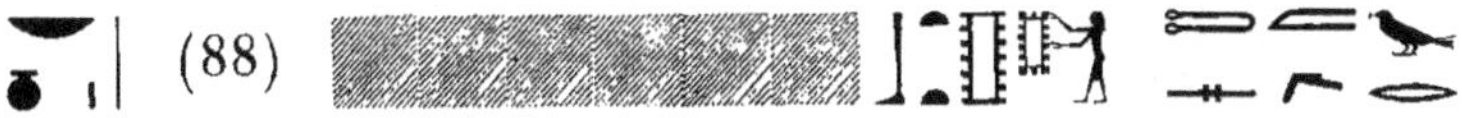

neb nā[4] (88) . . . . *(se)b-ti* *kut* *tesem*[5] *uer*

sile de .la muraille construite, le bastion grand

em ār-t en uba er *χet* *ātur* *em rer* *āb-t* *ān* *kem-tu*

disposé d'après l'art en (toute) chose; le fleuve entourant l'orient; il n'est pas trouvé

χerau *ām* *ťe-t-u*[6] *ṭi* *meḥ* *em* *āua-u* *per-ḥaṭ*

de (lieu) d'attaquer dans elle; des parcs pleins de bœufs; le trésor

[1] ..., peut-être : ... *sara*, sorte de blé ou d'orge. Au chapitre CXLIX, 1, du *Todtenbuch*, il est dit que dans l'Amenti on vit de pains faits avec du *sara*. Cf. ⲥⲉⲣϯ.

[2] *Pere*, les grains en général. ϥⲣⲉ «granum». Cf. פְּרִי. (Brugsch, *Dict.*)

[3] *Mesmes*, redoublement de *mes* «mesurer». Le déterminatif ..., l'eau, indique l'idée de niveau ou d'abondance. Cf. la racine ... *mes* «demergere», en copte ⲟⲙⲥ.

[4] *χai-u neb na rā* ... «les ustensiles de travail». Cette formule est bien connue; la fin a disparu dans la lacune.

[5] *Tesem*, bastions ou tours de fortifications, comme la tour carrée de Semneh. La phrase indique ici un grand système de bastions. Voyez plus loin, l. 90.

[6] ... *ťet-u* «étables à bœufs». (Cf. *Pap. Anastasi*, I, 10, 3.) Le mot *ti* ajoute l'idée : «*qui restent* pleines de bœufs.» M. Lauth traduit ici : «des passages minés.»

āper em χet neb *ḥaṭ* *nub* *χomet*[1] *ḥebes* *nuter senter* *afet* (?)

est garni de toutes choses : argent, or, cuivre, vêtements, parfums, miel,

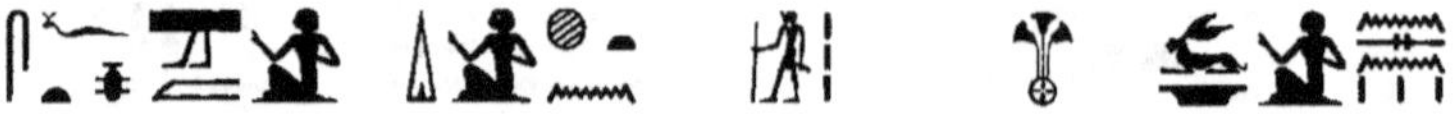

seft[2] *šem-à* *ṭu-à* *χet en* *uer-u* *χab* *un-à*[3] *en sen*

huile. Je m'en vais; je donne ces choses aux princes de la basse Égypte. Je leur ouvre

 (89) 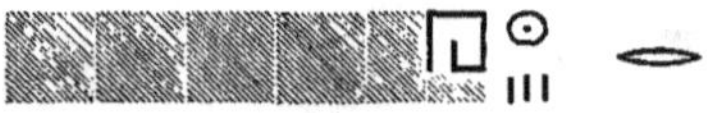

ḥesepu-sen *χeper-à* *em* .... *hru* *er*

leurs nomes : je deviens... ....(défendez-vous) des jours jusqu'à

ài-à *ḥemse-*[4] *pu* *àr-nef ḥer semsem* *àn* *neḥ-ti-*[5] *nef* *uri-*

ma venue. Il s'assit sur un cheval; il ne se fia pas à son

f *χuṭ* *pu* *àr nef* *em senṭ en* *ḥon-f* *ḥaṭ-to* *er-f ṭiau*

char. Il partit par crainte de S. M. Étant illuminée la terre sur lui la

sep senu *sper* *ḥon-f* *er* *àneb ḥaṭ*[6] *mena-nef* *ḥer meḥit-s*

deuxième fois, s'approcha S. M. vers Memphis; il aborda au nord.

[1]  *χomet* «cuivre, airain». (Voyez Lepsius, *Die Metalle, etc.* 1872, p. 91.)

[2] *Seft* se dit de la térébenthine et des huiles précieuses.

[3] *Un-à*, etc. Cela peut vouloir dire : «Je les engage à aller dans leurs nomes pour y organiser des armées de secours.»

[4] *Hemse.* Le rédacteur parle ici de Tafnekht, qui partit sur un cheval parce que cela était plus facile pour échapper aux assiégeants.

[5] 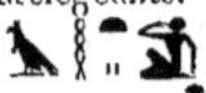 *neḥ-ti* «confidere». Cf. le copte ⲛⲁϩϯ ⲡⲓ «fides» et ⲛ̀ϩⲟⲧ «fidelis». M. Brugsch, dans son dictionnaire, traduit : «demander, supplier.»

[6] *Aneb hat* «la muraille blanche», λευκὸν τεῖχος, citadelle de Memphis située au nord de la ville.

kem-nef *mu* *ār*[1] *er* *sau-u*[2] *ḥā-u* *mena* *er*

Il trouva l'eau montée jusqu'aux murailles; les bateaux abordèrent aux

(90) 

(*meri nte*) *mennefer* *ḥān* *ḥon-f* *maa-s* *em neχt-u*

rives de Memphis. Voici que S. M. la vit en forces;

sebti *χii*[3] *em* *kuatu* *en-mau* *tesem-u* *āper em neχt*

la muraille élevée par des constructions nouvelles; les fortifications munies de forces;

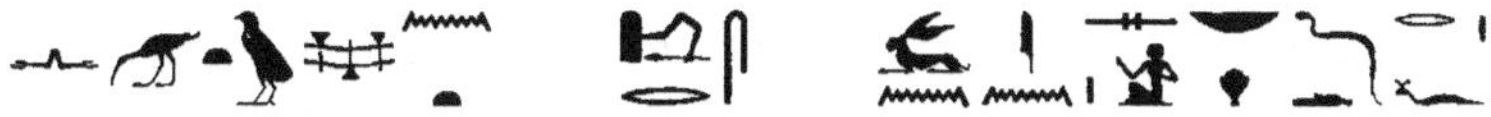

ān *kem-tu* *ua-t* *nte* *χerau er-s.* *Un ān* *sa* *neb ḥer* *ṭaṭ* *ro-f*

n'était pas trouvé de chemin d'attaque contre elle. Était chacun dans l'action de parler

em *menfi-u* *na* *ḥon-f em* (*tap-reṭ*)[4] *neb en χerau* *sa* *neb ḥer* *ṭaṭ*

parmi les soldats de S. M. sur toutes les lois de la guerre. Chacun disait :

[1] . Il faut corriger *ār;* le graveur a essayé lui-même de corriger cette faute sur le monument. La forme complète de ce verbe est *āru.* Ainsi, dans la grande inscription dédicatoire du temple d'Abydos (l. 76), on lit : *suten,* etc. «Paroles du roi en exaltant ce qu'il a fait à son père.» M. Maspero a traduit ici «en énumérant». Exalter se rapproche mieux du sens radical de *ār,* que M. Maspero rapproche de ϣⲓⲗ «auferre, adducere», et que je pense plus exactement rapporter à ⲁⲗⲉ «ascendere».

[2] *Sau* «grandes murailles». Sur l'inscription de Karnak, qui est au Louvre, première ligne : «le roi ordonne que ses victoires soient fixées sur une muraille de pierre dans le temple» .

[3] *χii,* cf. ϩⲁϣⲓ «suspendere», ϣⲓϣⲓ «altitudo». Voyez, à la ligne 91, le même mot avec l's causatif : *sχi* «élever».

[4] *Tap raṭ,* écrit quelquefois .

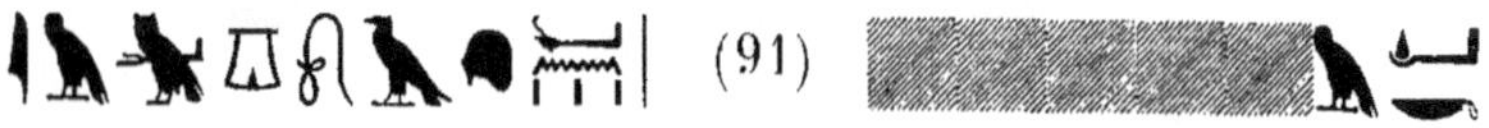

àmmā[1] *ḳaua-na* . . . . *mak*

Attaquons . . . . car

menfi-s ašu[2] *neb χet-u* *ḥer ṭaṭ*[3] *àr* *stau*

ses soldats (sont) nombreux en toutes sortes de choses, en faisant un plan

er-s *seχi-na* *sa* *er* *sau-s* *seneḥ-na*[4] *bak*

incliné vers elle, nous élèverons le sol contre sa muraille, nous lierons des échelles;

sḥā-na *šenu* (?) *àri-na* *ḥeta-u*[5] *em* *ṭeru-u*[6] *er-s*

nous dresserons des mâts; nous ferons des mâts dans le circuit contre elle.

Ce mot signifie : «les règles, les ordonnances, les rites.» Ici c'est la manière d'attaquer. Dans les textes sur la composition du parfum sacré, le *kyphi*, la formule est indiquée par *tap-reṭ*.

[1] *Àmmā*, forme d'impératif et de dubitatif.

[2] . Le phonétique du lézard est *ašu* ou *temu*.

[3] *ḥer ṭaṭ*. Cf. ϫⲉ «scilicet, quia».

[4] *Seneḥ* «lier, attacher». Copte ⲥⲉⲛϩ «lier» et ⲛⲟϩ «corde». De ce radical est venu *seneḥ* «prisonnier».

[5] *Ḥetau*. L'empreinte donne . Cf. le copte ϣⲉⲛϩⲱⲧ «cylindre de bois».

[6] *ṭeru-u* signifie ordinairement «les extrémités»; on peut le rapprocher de ϫⲉⲣ «explorare». Ainsi dans ce même texte (l. 108), le prince Petisis dit à Piankhi : «Je te donnerai de l'or, jusqu'aux limites de ton désir (de ton cœur)» . Et ailleurs (Lepsius, *Denkm.* III, 130, C), il est dit de Séti Ier : «Ra lui a fait ses limites aux extrémités de la lumière du soleil.» M. Brugsch, dans son dictionnaire, le confond à tort avec *terter*, qu'il traduit «échelle» en le rapprochant du copte ⲧⲁⲗⲱ «scala». M. Lauth traduit de même, et cependant il a lui-même traduit plus haut *terter* par «agger», et il a fait remarquer (l. 32) que le nom de l'échelle était *bak*, en copte ⲙⲟⲩⲕⲓ.

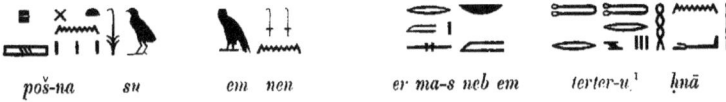

poš-na su em nen er ma-s neb em terter-u[1] *ḥnā*

Nous diviserons elle, de cette manière, dans tous ses lieux, par des buttes avec

(92) 

. . . . *ḥer meḥet-s er tes sa ḥer*

. . . . pour s'emparer d'elle; pour élever le sol

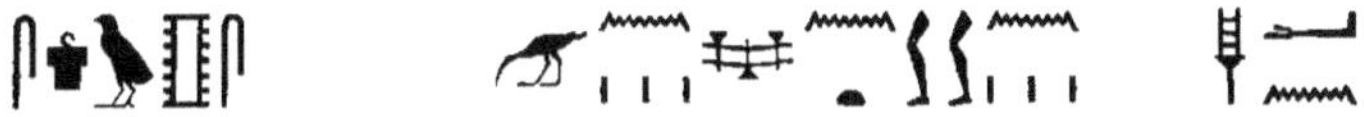

sau-s kem-na na nte ret-na ḥān

à la hauteur de sa muraille; nous trouverons le chemin de nos pieds. Voici que

ḥon-f χār[2] *er-s ma ābi*[3] *ṭat-f ānχ-ā mer-*

S. M. se mit en fureur de cela comme la panthère. Il dit : par ma vie! par mon

ā Rā ḥesu-ā tef-ā āmen kem-nā[4] *χeper nen*

amour pour Ra! par la faveur de mon père Amon! Je trouve, est arrivé cela

[1] *Terter.* C'est le même que *terer.* M. Brugsch en fait deux mots différents; cet échange d'orthographe se fait même dans les noms propres. Ce mot signifie proprement «agger». Cf. ⲧⲱⲗ «collis», ⲧⲱⲗⲏⲧ «locus elevatus», rad. ⲧⲱⲗⲉ «ascendere». M. Lauth, qui a traduit ici «échelle», d'après M. Brugsch, n'a pas remarqué que le déterminatif est différent.

[2] *χār* «se mettre en fureur». Ce mot prend ordinairement pour déterminatif un singe furieux. Ce mot est rare, mais il existe dès le temps de Thoutmès Ier.

[3] *Abi* «la panthère» a pour phonétique *āb.*

[4] *kem-nā,* mot à mot : «je trouve,» c'est-à-dire : «mon opinion est que.» est une variante ordinaire de *kime* «trouver». Quelquefois écrit . Cf. ϫⲉⲙ «invenire».

 (93)

χer-s[1] *em utu nte ȧmen nen pu ṫaṭ ret* . . . .

en cela par l'ordre d'Amon; cela est la parole des hommes . . . .

. . . . *ḥnā ḥesep-u res-u un-sen nef em ua*

. . . . avec les nomes du midi; ils ouvrirent à lui en chemin;

ȧn er ṭu-t en sen[2] *ȧmen em ȧb-sen ȧn reχ-sen utu-nef*

n'est pas mis par eux Amon dans leur cœur; ils ne connaissent pas ses ordres;

ȧr-nef-su er er ṭu-t bi-u-f[3] *er ṭu-t maa-tu šefit-u-f*[4]

il a fait cela pour que paraissent ses esprits; pour faire être vues ses terreurs.

ȧu-ȧ er ta-s ma ḳap en mu[5] *ȧu utu-nȧ*

Moi (je suis) pour la prendre comme un orage d'eau. Et me l'a ordonné

(94) 

. . . . *ḥān er ṭu-t-nef utu ḥāi-u-f*[6]

(mon père Amon). . . . . Voici qu'il a fait approcher ses barques,

menfi-u-f er χerau er meri nte Mennefer ȧn en sen nef

ses soldats, pour combattre vers le rivage de Memphis. Ils amenèrent à lui

[1] *χer-s* ou «par rapport à la ville».

[2] *En sen* «eux», c'est-à-dire : «les gens de la basse Égypte.»

[3] *Er ṭut-biu-f*, c'est-à-dire : «pour que sa force apparaisse.»

[4] *Šefit-u-f* «ses terreurs», c'est-à-dire : «les terreurs qu'il inspire.»

[5] *Kap en mu*. Voyez plus haut, l. 27.

[6] *Hā*, les barques de transport.

t'a[1] *neb* *mäχen*[2] *neb* *seheri*[3] *neb* *ḥā-u* *ma ašu* *sen*

barque toute, radeau tout, vaisseau tout, des transports suivant leur nombre

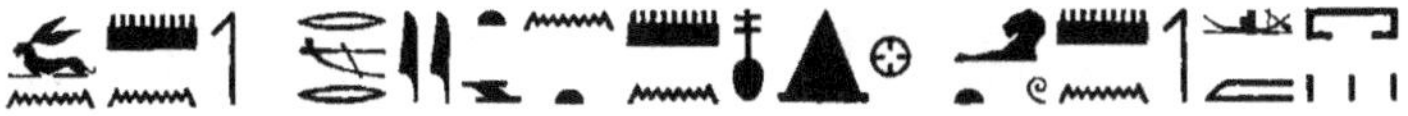

un *mena* *er meri-t* *nte* *Mennefer*[4] *ḥa-tu*[5] *mena* *em per-u-*

(qui) étaient amarrés au rivage de Memphis; la proue aborde dans ses mai-

s[6] . . . . *netes* *rem-f* *em menfi-u neb en*

sons. . . . . (Pas) un enfant ne pleura par tous les soldats de

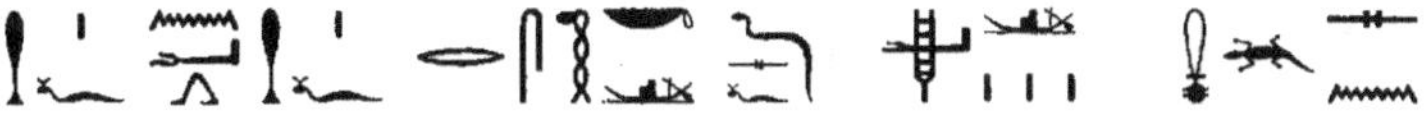

ḥon-f *nā*[7] *ḥon-f* *er* *sek*[8] *t'es-f* *ḥāu* *ma ašu* *sen*

S. M. Vint S. M. pour diriger lui-même les barques tant qu'il y en avait.

utu *ḥon-f en* *menfi-u-f* *en-ḥer* *ten*[9] *er-s*[10] *senb* *sau*

Ordonna S. M. à ses soldats : De sur vous contre elle; entourez la muraille;

[1] *T'a*, barque en général; racine  ⋀ *t'a* «traverser».

[2] *Mäχen*, sorte de barque. C'est, dans le Rituel, le nom de la barque du défunt voguant sur l'eau céleste.

[3] *Seheri*. Ce nom paraît quelquefois être celui des barques de plaisance.

[4] Tout ce passage peut vouloir dire que Piankhi envoie des vaisseaux chargés de soldats pour s'emparer de toutes les barques du port de Memphis, afin d'arriver par le côté où il n'y avait pas de murailles.

[5]  *ḥa-tu* est «la proue», c'est même plus particulièrement le nom du cordage de la proue, M. Lauth traduit à tort «les premiers»; ce n'est pas le sens de ce mot dans cette phrase, et il n'y a pas de pluriel.

[6] *Mena em per-u-s*, c'est-à-dire : «jusqu'aux barques qui avaient leur cordage amarré aux maisons.»

[7]  ⋀ *nā* «venir», verbe rare.

[8] 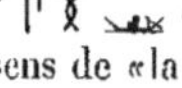 *sek* «agere, agitare», dans le sens de «la direction d'une flotte». Cf. ⲤⲈⲔ «trahere, incitari».

[9] *En ḥer ten*, c'est-à-dire : «il vous incombe, c'est à vous de faire.»

[10] *Er-s*. Si *s* se rapporte à la ville, il faut traduire «contre elle». Si *s* appar-

āk *pere-u* *ḥeri ātur* *ir* *āk* *uā* *ām* *ten* *ḥer* *sau*

entrez dans les maisons par le fleuve; si entre un de vous sur la muraille,

ān *ḥā-tu* *em* *ha-f* .... *ān*

qu'il ne se tienne pas dans sa place [1] .... Ne

χesef-ten *tes-u* [2] *χas* *pu* [3] *χer* *χotem-na* *kemā*

repoussez pas les chefs; cela est vil! Car nous avons fermé le midi;

menā-na *χab* *ḥemse-na em* *maχi* [4] *to-ui*

nous avons abordé au nord; nous nous sommes reposés sur la balance des deux pays.

ḥān *ta* *Mennefer* *ma kap* *en mu* [5] *smā* *ret*

Voici qu'il prit Memphis comme un orage d'eau; il tua des hommes

ām-s *ašu* *ḥnā* *ān* *em* *seker* *ānχ* *er* *bu χer*

dans elle beaucoup; aussi on (en) amena en prisonniers vivants au lieu où (était)

tient au mot suivant, c'est au contraire le thème *senb* «enceinte» avec un *s* causatif, dans le sens de «entourer».

[1] «Il ne pourrait tenir en place,» ou bien : «Il faut pénétrer dans l'intérieur pour refouler les troupes.»

[2] [hiéroglyphes]. Le second signe est altéré; il semble plus grand que le [hiéroglyphe]. Ce passage est difficile à comprendre à cause de la lacune. M. Lauth n'a pas tenu compte ici du pluriel. *Tes* «chef». Cf. ϫⲟⲉⲓⲥ «dominus».

[3] Ici se termine la partie du texte expliquée au cours du Collége de France. (J. de Rougé.)

[4] *Maχi* «balance», copte ⲙⲁϣⲓ. C'est évidemment un nom symbolique de Memphis, située au point de partage de la haute et de la basse Égypte.

[5] *Kap en mu* «orage d'eau». Voy. l. 27.

ḥon-f [1] *ār em* (*χet to*) [2] *ḥat' senu en hru χeper er ṭa en*

S. M. Lorsque (97) la terre fut éclairée de nouveau et que le jour fut fait, fit

ḥon-f šeme ret er-s ḥer χu rapu-u en nuter nef [3]

S. M. envoyer des hommes vers elle pour protéger les temples du dieu. Il

ser ṭoṭ [4] *ḥer seχem-t neteru ṭerep* [5] *kebaḥ t'eťa (su)* [6]

tendit la main vers le temple des dieux. Il offrit la libation aux seigneurs de

Ptaḥ-ḥā-ka s-āb Mennefer em ḥesmen neter (senter) ṭu-t

Ptah-ha-ka; il purifia Memphis par le natron et l'encens. Il mit

āb-u er as reṭ-sen uťa ḥon-f er pere (*Ptaḥ*)

les prêtres à la place de leurs pieds. Passa S. M. vers le temple (98) (de Ptah);

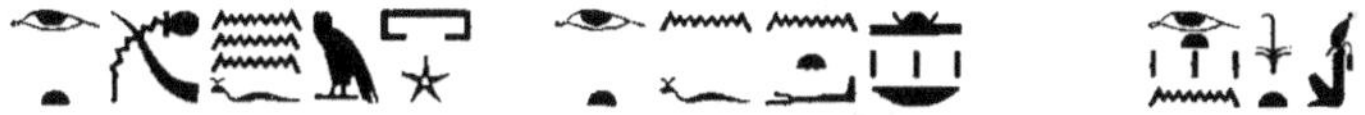

ār-t āb-f em seba [7] *ār-t nef netā-u* [8] *neb ār-t en suten*

il fit la purification à la porte; il accomplit tous les rites (qui) sont faits par le roi;

[1] *Bu χer ḥon-f*, mot à mot : «le lieu possédant le roi,» c'est-à-dire : «là où était le roi.»

[2] Il faut restituer ici . Cette formule est bien connue.

[3] *Nef ser.* Il faut remarquer cette position du pronom *nef* avant le verbe.

[4] *Ser ṭoṭ*, mot à mot : «étendre la main,» c'est-à-dire : «vénérer, adorer.»

[5] *Ṭerep* «accomplir un rite». Cf. J. de Rougé, *Textes géographiques d'Edfou*, p. 48.

[6] *T'aťa* «les seigneurs». Cf. le copte ϫⲱⲓϫ «princeps». Le groupe , qui termine ce mot, semble déterminatif. Sens dérivé : *ťať* «domaine». Cf. Chabas, *Pap. hiér. de Berlin*, p. 37.

[7] *Seba* «la porte», copte ⲥⲃⲉ. M. Lauth traduit à tort «rez-de-chaussée».

[8] *Netā* «les rites», mot à mot : «ce qui

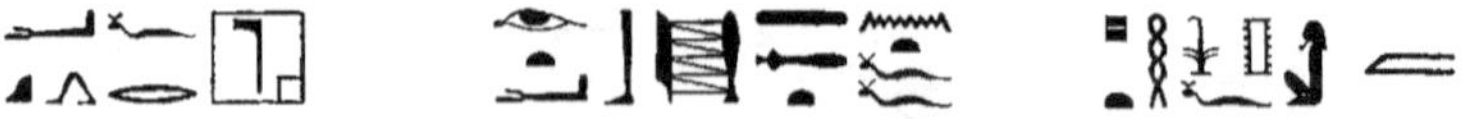

āk-f er ḥā-neter *ȧr-t* *āb* *āa-t en tef-f* *Ptaḥ res sebti-f* *em*

il entra dans le temple; il fit une offrande grande à son père *Ptaḥ res sebti-f* en

ȧua-u *untu* *ro-u* *χet neb nefer* *uťa pu* *ȧr en* *ḥon-f*

bœufs, veaux, oies, toute chose bonne. Passa S. M.

er pa-f *ḥān* *sotm* *ḥesep-u neb* *nti em uu*[1]

vers sa demeure; voici qu'il entendit que les régions toutes, qui (étaient) dans la

(99)

en *Mennefer* *Ḥeriptimi* *Peni-* *(na)-*

campagne de Memphis, Heripetimi Peni.....na-

uāā *Pebeχen-nebiu* *Tau-ḥi-bi-t*[2] *seše-*

uaa. Pebukhennebiu, Tauhibi, avaient

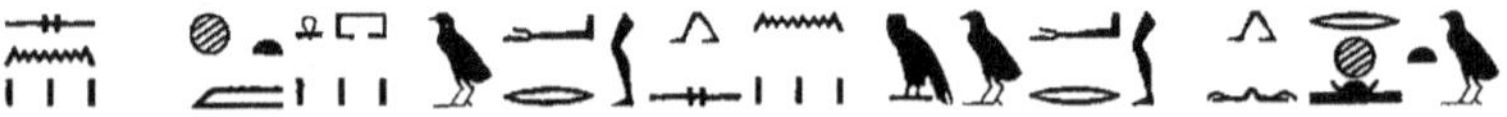

sen *χetem-u* *uār-sen* *em* *uār* *ȧn* *reχ-tu*

ouvert leurs clôtures; (et) avaient fui dans la fuite; on ne savait pas

est convenu.» Ainsi le traité de paix entre Ramsès et le prince de Kheta est nommé: 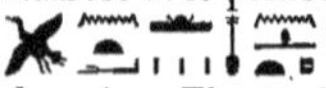 «la bonne convention de paix». Thoutmès III (*Denkm.* III, 30, 22) se vante d'avoir maintenu tout:  «selon les *droits* ou *contrats*».

[1] *Uu.* Ce passage indique bien ce qu'on entendait par le  «la campagne, la plaine». M. Lauth n'a pas reconnu que c'était des noms de ville qui suivaient celui de Memphis.

[2] Localités inconnues, qui, d'après ce texte, n'étaient pas situées loin de Memphis.

bu šema–sen àm ài pu àr en Uaput ḥnā sar en Mā

où ils étaient allés. Venue faite par Uaput avec le chef des Ma(šuaš)

(100)

Mukanešu[1] *ḥnā erpā Peṭu-asi ḥnā ḥā-u*

Mukanešu, avec le prince Petisis, avec les chefs

neb na to χab χer annu-sen er maa neferu ḥon-f

tous de la basse Égypte apportant leurs tributs pour voir les beautés de S. M.

ḥān sàp per-ḥat' ḥnā šenti-u na Mennefer àr neter

Voici qu'il distribua le trésor et les greniers de Memphis (pour) faire les divines

ḥotep en àmen en Ptaḥ en pa-tu amu Ptaḥ-ḥa-ka ḥat'

offrandes à Amon, à Ptah, aux dieux (qui sont) dans *Ptaḥ-ḥa-ka*. Lorsque eut lui

àr-f to ṭiau snu ut'a ḥon-f er àbet àr āb en Tum

le second jour passa S. M. vers l'orient; il fit une purification à Tum

(101)

em χerau[2] *pa-tu em pa-patu àmaḥ*

dans *Kherau*, aux dieux dans le temple des dieux, dans *Amah*[3]

[1] *Mukanešu* était le chef de Sebennytus et du XVIIe nome de la basse Égypte.

[2] *χerau*. Comme on le voit par un passage à la ligne 101, la localité nommée *Khera* était située sur une hauteur entre Memphis et Héliopolis.

[3] *Amaḥ* était également à l'orient de Memphis.

neteru am-s em àua-u unta ro-u ta sen

aux dieux (qui sont) dedans, en bœufs, veaux, oies; (pour) qu'ils donnent

ānχ uta senb en suten χeb Piānχi ānχ teta uta hon-f er

vie, santé et force au roi *Piankhi*, vivant à toujours. Passa S. M. vers

An her to pif en χerau her mātennu nte Sap er χer

Héliopolis par la montagne de *Kher*, par le chemin du dieu *Sap* vers *Kher;*

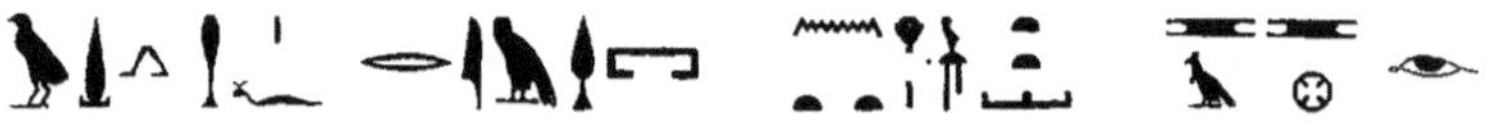

uta hon-f er àm nti her ament Merti àr

passa S. M. vers le camp qui était à l'occident de *Merti*[1]; il fit

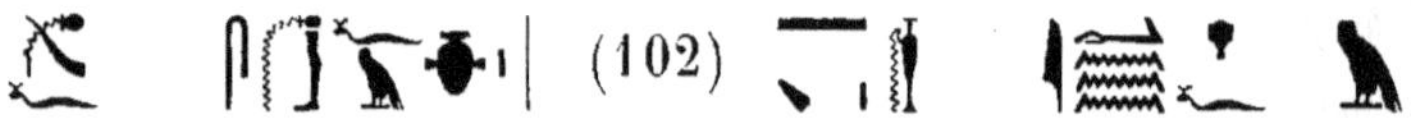

āb-f s-āb-f em àb (102) *še keb àā*[2] *her-f em*

sa purification; il se purifia dans le bassin froid; il lava son visage dans

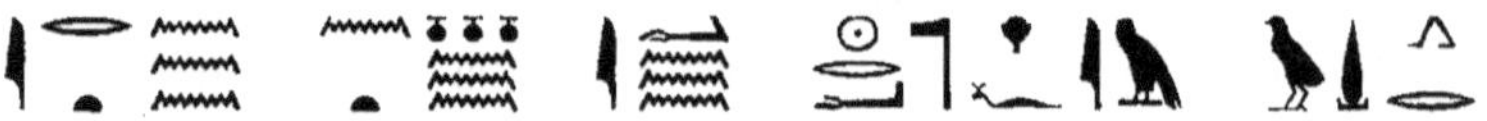

àret[3] *nte nu àā Rā her-f àm uta er*

(le lait?) de *Nu*, (où) lave le Soleil son visage. Il passa vers

[1] *Merti*. Ce nom déterminé par le bassin indique certainement la célèbre source de *Matarieh*, près d'Héliopolis, l'*aïn schams* ou source du Soleil actuelle; cette localité a été considérée de tout temps comme sainte.

[2] *Aā* «laver»; copte ⲉⲓⲱ, ⲓⲱ «lavare».

[3] *Aret*. Il y a peut-être ici une inversion des signes; on lirait alors *àtur* «fleuve».

Šāi-u-ka-em-an [1] *ār-t āb āa-t ḥer* *Šāiukaman*

Šāiukaman. Il fit une offrande grande à *Šāiukaman*

χefte en Rā em uben-f em āḥu-u ḥat-u āret ānti

devant le Soleil dans son lever. en bœufs blancs, lait, parfum *Anta*,

 (103) 

neter sēter χau [2] *neb neṭem seti* [3] *aï em uta er pa-Rā*

encens, bois tous odorants. Il vint en passant vers le temple de *Ra*;

āk [4] *er nuter ḥā em āui* (*sep sen*) *χer-ḥeb ḥer neter ṭiau χesef*

il entra dans le temple en adorant (deux fois). Le *χer-heb* invoqua (celui qui) repousse

seχeṭiu er suten ār-t pere seba [5] *tes seṭeb* [6] *s-āb-f*

les plaies du roi; il remplit les rites de la porte, il prit le *seṭeb*, il se purifia

[1] *Šāiukaman*, nom de localité qui signifie : «la hauteur des sables à Héliopolis.» Il fallait en effet monter la côte orientale pour jouir des premiers rayons du soleil; peut-être y avait-il là une sorte d'observatoire sacré.

[2] *χau* . Ce mot indique un ingrédient qui entre dans la composition du *kyphi*. Il venait du *Taneter* (Arabie heureuse?), comme le prouve un passage de ce même texte (l. 154). C'est peut-être une sorte de bois odoriférant, car dans la stèle de la princesse de *Baχtan*, il est déterminé par le bois : . Ailleurs (inscription de Karnak, musée du Louvre), il est déterminé par la plante . Cf. le copte ϣⲁⲓ, ϣⲉ «lignum» et ϣⲟⲩⲟⲓ «unguentum».

[3] *Neṭem sēti*, mot à mot : «agréable à l'odorat.»

[4] *Ak*. Les empreintes donnent bien le signe *āk* «entrer» et non le signe *uer* «grand», comme quelques publications le présentent.

[5] . M. Brugsch, dans son dictionnaire, croit que ce groupe indique une pièce intérieure du temple, où le roi offrait ses libations. M. Lauth transcrit ce mot sans le traduire.

[6] *Seṭeb*, mot nouveau. Par le déterminatif , il semble que ce soit un vêtement sacré.

em neter sēter *kebaḥ* *māseb-nef* *ānχ-u na* *ḥā-benben*

par l'encens; il fit une libation; il apporta les fleurs de Habenben;

 (104) 

ān-nef ānχ-u[1] *tes* *χent er* *sešeṭ*[2] *uer er maa*

il apporta le parfum (?). Il monta les degrés vers l'*adytum* grand, pour voir

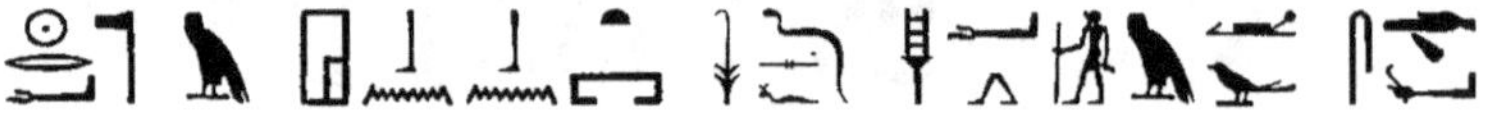

Rā *em* *ḥā-benben* *su ṭesef* *ḥā* *em uā* *saṭ*[3]

Ra dans Habenben; lui-même se tint seul; il poussa

ses *seše ā-ui* *maa tef-f* *Rā* *em* *ḥā-benben*

le verrou; il ouvrit les portes; il vit son père Ra dans Habenben:

sar *mā-aṭ* *en Rā* *sekti* *en* *Tum* *ān* *ā-ui* *uaḥ*

il vénéra la barque de Ra et la barque de Tum. Il tira les portes, et posa

[1]  *ānχ-u*. Le signe  semble un trait échappé au burin du graveur, car il tient à la ligne. Resterait donc *ānχ*, qui, par son déterminatif, peut désigner le parfum des fleurs; c'est ainsi que l'a traduit M. Lauth.

[2] 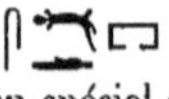 *Sešeṭ*. Ce mot indique ici le lieu spécial où l'on pouvait voir le dieu *Ra*, probablement sous la forme de l'épervier sacré, car le texte continue : «Il se tint seul, tira le verrou, ouvrit les portes et vit le dieu *Ra*.» Ce mot se retrouve ailleurs; ainsi (Dümichen, *Hist. Insch.* pl. V, l. 48), après la défaite des *Rebu*, les phallus des vaincus sont apportés :  «On les apporte devant la fenêtre (?) pour que le roi voie ses exploits.» Cf. le copte ϣⲟⲩϣⲧ «fenestra, sacellum, adytum».

[3] 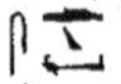 *saṭ* «removere». Cf. ⲥⲉⲧ ⲉⲃⲟⲗ «abjicere»; ce mot signifie aussi «evertere». Ainsi (*Denkm.* III, 126) : 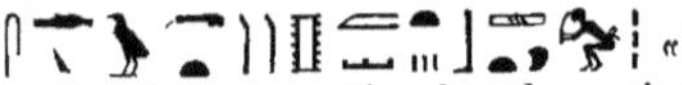 «Il a détruit les murailles dans les nations révoltées.» *Saṭ* veut dire aussi «s'étendre»; il est dit d'un canal qui s'étend dans les champs : 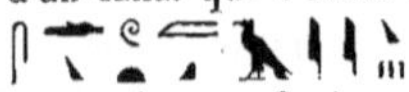. (J. de Rougé, *Textes géogr.* p. 39.)

(105) 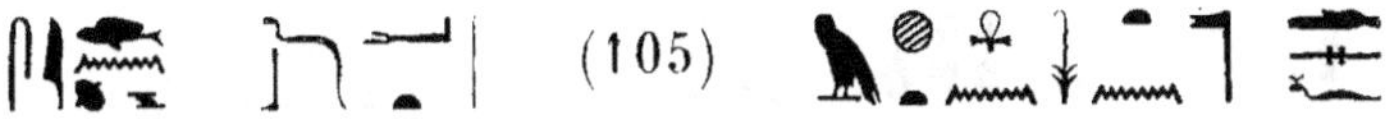

sān[1] *t'ebā-t*[2] *em χutem en suten țes-f*

la terre sigillaire, (qu'il) scella avec le sceau du roi. Lui-même

ḥen en āb-u nek sāp[3]- *nā χotem ān āk en ki*

ordonna aux prêtres : J'ai placé le sceau; que n'entre pas quelqu'un

er-s em suten neb ḥā-t-f er țut-n-sen ḥer χa-t sen em baḥ ḥon-f em

dedans de tout roi qui se tiendra (là). Ils se mirent sur leur ventre devant S. M. en

țaț er- men uaḥ ān sak Hor meri

disant : Qu'il soit stable et heureux! Qu'il ne soit pas diminué l'Horus qui aime

An āā em āk er pa Tum šes ānti[4]

Héliopolis. Il vint pour entrer dans le temple de *Tum*. Il fit les rites de l'*anta*

(106) 

en tef Tum χeprā sar An āa en suten

à son père Tum Khepra, prince d'Héliopolis. Vint le roi

[1] *Sān* «la terre sigillaire». Cf. la légende suivante (J. de Rougé, *Textes géogr. nome Panopolite*). Il est dit du canal : 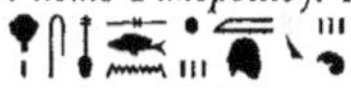 «pour bonifier le *lutum* de tes champs». M. Brugsch, dans son dictionnaire, le rapproche de סָאַן «lutosus fuit».

[2] *T'ebā*. Cf. le copte ⲧⲱⲱⲃⲉ «sigillo munire».

[3] *Sap*, c'est «disposer, établir», comme plus haut, l. 69, pour les offrandes d'Amon. M. Lauth traduit à tort «examiner».

[4] *Šes ānta*, mot à mot : «faire le service du parfum *ānta*.» On peut rappeler ici le nom du prêtre d'Héliopolis, que les listes géographiques donnent sous la forme  *ḥer šes*.

Uasarken   *er maa nefer-u*   *ḥon-f*   *ḥat er-f to ṭiau snu*

Osorkon [1] pour voir les beautés de S. M. S'éclaira le monde au matin de nouveau;

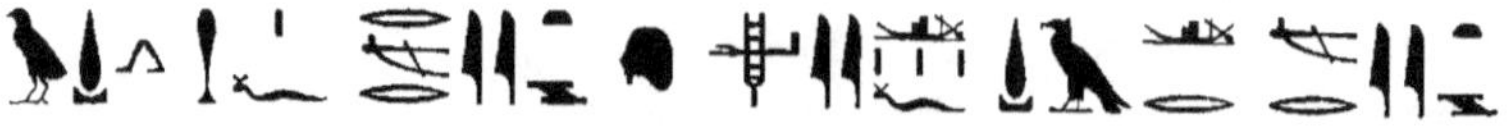

uṭa   *ḥon-f*   *er meri*   (*ḥa*)   *ḥâi-u-f*   *ṭa*   *er*   *meri*

passa   S. M.   vers la rive   (vers)   ses barques;   il passa   vers   la rive

nte (ka)-kame [2]   *âr-t*   *âm*   *en*   *ḥon-f*   *her res*   *Kahani* [3]

du nome de (Ka)-kame. Fut fait   le camp de   S. M.   au midi   de *Kahani*,

her âbet   (107)   *nte (ka)-kame*   *âa pu*   *âr-t en*   *nen*   *suteni-u*

à l'orient   du nome de Ka-kame.   Venue   faite   par les rois,

ḥā-u   *na to χeb*   *uer-u neb*   *ta meḥ-t*   *ta neb*

les chefs   de la basse Égypte; princes tous, porte-plumes, porte (-ombrelle) tout,

uer-u neb   *suten reχ neb em âment*   *em*   *âbet*   *em*   *tuu-u her-(ab-)u*

princes tous,   fils royal tout de l'occident,   de l'orient,   des régions du centre,

er   *maa*   *nefer-u ḥon-f*   *un*   *ân*   *erpā*   *Peṭasi*   *er ṭu-t su*

pour   voir   les beautés de S. M.   Fut le prince   *Petisis* [4]   à jeter lui

---

[1] *Osorkon* était roi à Bubastis. (Voyez l. 19.)

[2] (*Ka*)-*kame*. Ce nome a pour chef-lieu : Ḥā-to-ḥeri-âb «Athribis». (Cf. *Zeitschrift*, 1868, p. 83.)

[3] *Kahani*, localité inconnue que ce passage place dans le nome d'Athribis. On voit de plus que ce nome n'était séparé de l'*Héliopolite* que par la branche du Nil.

[4] *Petisis*. Ce personnage était *erpa*

(108)

her χa-t-f em — *bah hon-f t'at-f* — *mā-aa er (ka)-kame*

sur son ventre de- vant S. M. Il dit : Viens vers le nome de (Ka)-kame,

maa-k — *χenti-χati* — *χu-t-k* — *χuit* — *sma-k āb-u en*

que tu voies *Khentikhat*[1]; que te protége *Khuit;* immole une offrande à

Hor — *em pa-f* — *em àua-u* — *untu-u* — *ro-u* — *āk-k er per-à*

Horus dans sa demeure en bœufs, veaux, oies; entre dans ma demeure;

sese-nek — *per-hat'-à* — *tun-tu*[2] — *em χet* — *tef-à*

ouvre mon trésor, dominant sur les choses de mon père.

(109)

tu-à nek nub — *er t'eruu*[3] — *àb-k* — *mā-* — *fek*[4]

Je donnerai à toi l'or jusqu'aux limites de ton cœur; de l'éme- raude (?),

«prince héritier»; son père n'est pas nommé : il était probablement le fils d'un des rois vaincus par Piankhi. Son nom est écrit à la ligne 99 : [hiéroglyphes], et à la ligne 124 : [hiéroglyphes].

[1] *χenti-χati* est un surnom spécial au dieu Horus dans le nome d'Athribis. La déesse *Khuit,* que M. Lauth n'a pas reconnue dans sa traduction, était particulièrement honorée dans ce même nome.

[2] [hiéroglyphes] *tun* «dominari». Le déterminatif est l'homme sur la victime; on voit la pointe du dard. Le même mot *tun,* avec l'aile [hiéroglyphe] pour déterminatif, signifie «déployer, élargir», puis «élever sur». M. Brugsch (*Dict.* au mot *tun*) traduit ce passage : «Charge-toi des richesses de mon père,» et rapproche *tun* du copte ϮΟΥΝ «elevare, ferre». Petisis n'était que prince royal; c'est pourquoi il parle ici de son père.

[3] *T'eruu* «limites». Voyez l. 91.

[4] *Mafek,* pierre de couleur verte, émeraude, d'après M. Lepsius (*Die Metalle, etc.* p. 79.)

tut *en ḥer-k* *sesem-u* *kennu* *em tep en āḥe* *ḥā-ti en šemem*[1]

semblable à toi; des chevaux nombreux de la tête de l'écurie, les premiers du haras.

u'a *pu* *ār en* *ḥon-f* *er pa* *Hor-χent-χat* *er ṭu-t* *mā* *āua-u*

Lorsqu'eut passé S. M. vers la demeure d'Horus-*Khentikhat,* il offrit des bœufs,

untu-u *ro-u* *ntef-f* *Hor χent-χati* *neb kemuer*[2] *u'a*

des veaux, des oies à son père Horus *Khentikhat,* seigneur de *Kamur.* Passa

ḥon-f *er pa en erpā* *Petasi* *āb-f-nef* *em* *ḥat'* *nub*

S. M. vers la demeure du prince Petisis; il offrit à lui de l'argent, de l'or,

(110) 

χesbeṭ *māfek* *ḥā(k)*[3] *uer em χet neb* *ḥebes-u*

du lapis, des émeraudes, une masse grande de toute chose, des vêtements

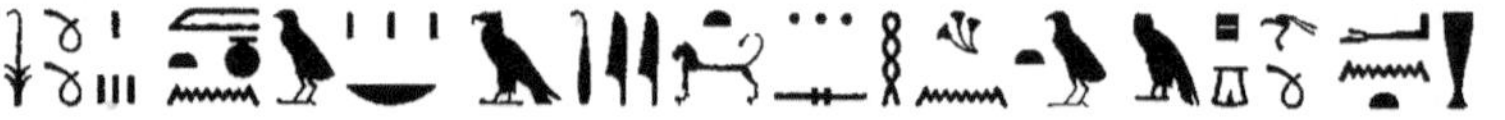

suten-u *em tennu* *neb* *ati-t-u*[4] *s-ḥen-tu* *em peka*[5] *ānt*

royaux en nombre tout, des lits couverts de byssus, de l'*Anta,*

[1] *Semem* «ferme» ou «haras». Cf. aux lignes 37 et 38.

[2] *Kamur.* Le récit montre que cette localité était dans le nome d'Athribis . C'est probablement un des noms sacrés d'Athribis, dont Horus *χenti-χati* était le dieu principal. Du reste, une variante des listes d'Edfou orthographiée 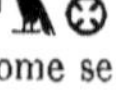 ferait supposer que le nom du nome se lisait *Kam* et non *Ka-kam.* C'est probablement de cette ville qu'il est question au chap. LXXXVIII, l. 2, du *Rituel.* où il est parlé du grand Horus de *Kamur.* (J. de Rougé.)

[3] *Ḥāk.* Peut-être faut-il transcrire *ḥā,* comme l'a fait M. Brugsch (*Dict.*), en corrigeant le signe  en 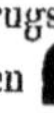 et en le considérant comme premier déterminatif. Cf. le copte ⲞϨⲒ «acervus».

[4] *Atai.* Le déterminatif indique pour ce mot nouveau le sens de «lit» ou «coussin de lit».

[5] *Peka* «le byssus, le lin». Cf. בוץ «byssus» et ⲠⲞⲔ «mollis», ⲠⲀⲔⲈ «im-

merḥ *em* *χebχeb* *ḥetar-u* *em ťai-u ḥim-t-u em ḥāti neb en*

de l'huile dans des vases : des chevaux, étalons et juments, les premiers tous de

āḥi-f *s-āb-nef* *su* *em ānχ*[1] *nuter χefte nen* *suteni-u* *uer-u aā-u na to*

l'écurie. Il se purifia dans un serment sacré devant les rois, les chefs grands de

(111) 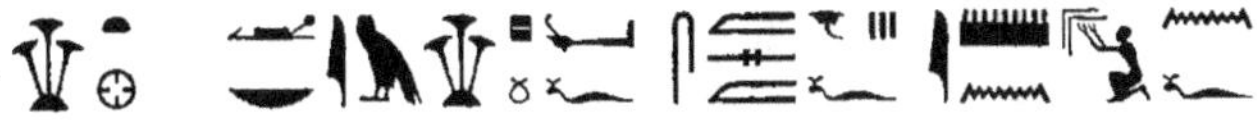

χeb *nā neb ām* *ḥap-f*[2] *sem-sem-u-f* *āmen-naf*

la basse Égypte : Quiconque cachera ses chevaux, et cachera

šau-f *ka*[3] *mer-f en* *mer en tef-f* *ka-nā*

ce qui est à lui, certes ! il mourra de la mort de son père. Je dis

nen *er ufa-ten* *bak*[4] *ām* *em* *reχ*

cela pour que vous cessiez de résister en cela. Si vous savez

ten neb mā-ā *ka* *ťaṭ-ten* *āmen-nā* *er*

quelque chose me concernant. certes ! dites (que) j'ai caché au

minui ». M. Brugsch rapproche ce mot de פִּשְׁתָּה « linum » et de ϥⲱⲧⲕ « pallium ».

[1] *Anχ*. Cf. ⲱⲛⲕ « jurare ». C'est le prince *Petisis* qui fait ce serment et prononce le discours qui suit.

[2] *Hap* « cacher ». Ainsi au livre des *Sinsin*, dans le grand titre, il est dit d'Osiris : 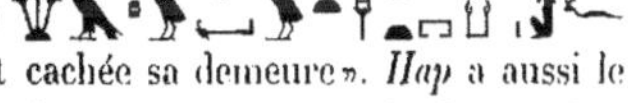 « est cachée sa demeure ». *Hap* a aussi le sens de « couvrir ». Textes de Green. *Medinet-Abu* : 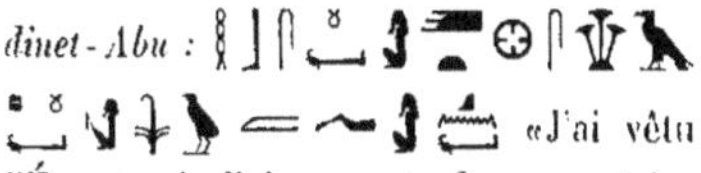 « J'ai vêtu l'Égypte, je l'ai couverte de mon glaive victorieux. »

[3] *Ka*. Cf. ⲕⲉ « etiam ».

[4] *Bak* « résister ». Cf. ⲃⲟϭⲉ « être séditieux, perturbare ». Voyez à la ligne 129 : « Les choses que tu regardes, tu ne trouveras pas d'opposant (*bak*) à elles. »

 (112) 

ḥon-f em χet neb *en per tef-à* *nub àḥ em*

roi des choses de la demeure de mon père, de l'or, de l'argent (?), des

āa-t em àpet-u[1] neb menfi-u em àri ṭot nub em àri χaχ

pierres précieuses, des vases tous, des bracelets pour les mains, de l'or pour le cou,

beb-u setur[2] em āa-t sa na ā-t neb meḥ-u[3]

des colliers ornés de pierres, des ornements de tout membre, des couronnes

en tep šaki-u[4] en mestc̄r am-u neb en suten ḥen neb

pour la tête, des anneaux pour les oreilles, tous les ornements du roi, tous les vases

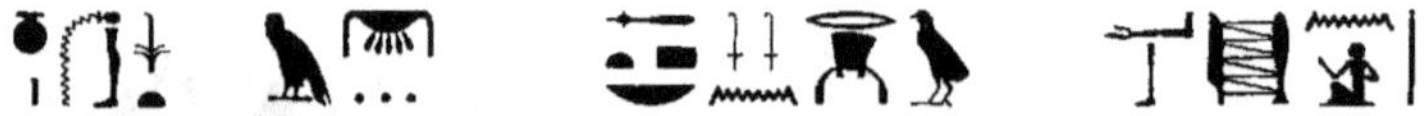

na āb suten em nub āa-t neb nen er fun āb-nà

où se lave le roi, en or, pierres précieuses tant qu'il y en a. J'offre

(113) 

em baḥ suten kes-u ḥebes-u em χa-u em tep neb en

devant le roi des étoffes (?), des vêtements en milliers de tout le meilleur de

nai-t-à[5] àu-à reχ-kuà ḥotep-k ḥer-s uṭa er šemem

ma maison. Je sais que te plaît cela. Passe vers l'écurie;

[1] *Apet* « vase ». Cf. ⲁⲡⲟⲧ « poculum ».

[2] *Setur* « fabriquer ou orner ». Cf. *Pap. de Boulaq*, 14, 13 : 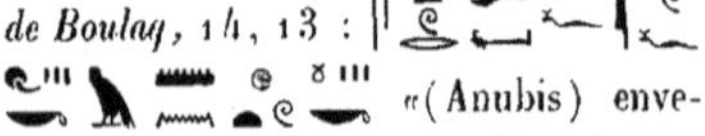 « (Anubis) enveloppe (?) les chairs dans les linceuls. »

[3] *Meḥ* « couronne ». Cf. ⲙⲟⲩϩⲉ.

[4] *Šaki* « anneau ». Cf. ϣⲟⲩⲕⲟⲣ « annulus ».

[5] *Nai* « maison ». Cf. נָאָה « habitavit sedes, domicilia ».

sotep-k mer-k em semsem-u neb ȧbeb-k ḥān ḥon-f ȧr-t em mati

choisis ce qui te plaît parmi les chevaux que tu désires. Voici que S. M. fit ainsi.

ṭaṭ ȧn nen suteni-u ḥā-u χer ḥon-f utu-na er nu na un-na

Dirent ces rois et ces chefs à S. M. : Allons vers nos villes; ouvrons

(114)

per-ḥaṭ-na sotep-na er merer ȧb-k an na-

nos trésors; choisissons pour ce que tu désires; amenons

nek tep-u na šemem-na ḥauti na šemem-u-na ḥān

à toi les têtes de nos écuries : les meilleurs de nos chevaux. Voici que

ḥon-f ȧr-t mati reχ ran ȧri suten Uasarken em Pa-beset[1] *Un-*

S. M. fit ainsi. État des noms : Était le roi Osorkon à Bubastis et (dans) le district

en-ra-nefer[2] *suten Uapet em Tente-remu*[3] *Ta-ān*[4] *ḥā T'aṭ-*

de Ranefer; le roi Uapet à Tenteremu et Taan; le chef Tat-

[1] *Pa-beset* «Bubastis», פִּיבֶסֶת chef-lieu du XVIIIe nome de la basse Égypte. *am-χent.*

[2] *Un-en-ra-nefer*, localité inconnue que ce passage place non loin de *Bubastis*.

[3] *Tenteremu*, localité inconnue.

[4] *Ta-an*. A la ligne 3, la même localité, probablement, est écrite, ce qui se rapporterait au nom du *pehu* du IIIe nome de la basse Égypte, «le Libyque». Le *uu* du VIIIe nome, est aussi nommé *Annu*.

(115)

âmen-âf-ânχ — *em Pa-bi-neb-ṭaṭ*[1] — *Ta-aa-rā*[2] — *si-f*

amenafankh — à Mendès — et Taaara; — son fils

semsem — *mur menfi-u* — *em Pa-thot-apereḥeḥ*[3] — *ânχhor* — *ḥā*

aîné, — chef des soldats — à Pathotapcreheh, — Ankhhor; — le chef

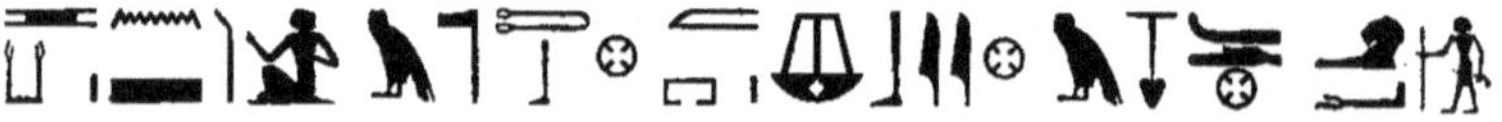

Mukaneš — *em Nuter tab*[4] — *em Pa-ḥebi*[5] — *em Samḥuṭ*[6] — *ḥā uer*

Mukaneš — à Sebennytus, — à Pahebi — et à Samhut; le grand chef

(116)

en mā — *Petenef* — *em Pasupti*[7] — *em Aapen-sebti-ḥat* — *ḥā*

des Mašuaš — Petenef — à Pasupti et — à Aapensebtihat; — le grand

uer en mā — *Pemau* — *em Pa-osiri-neb-ṭaṭ*[8] — *ḥā uer en mā*

chef des Mašuaš — Pemau — à Busiris; — le grand chef des Mašuaš

[1] *Pa-bi-neb-ṭaṭ* « Mendès », comme l'a montré M. Brugsch. Chef-lieu du XVIe nome de la basse Égypte, .

[2] *Ta-aa-rā*, localité inconnue.

[3] *Pa-thot-apireḥeḥ*, chef-lieu du XVe nome de la basse Égypte, . M. Brugsch le compare au copte ⲡⲉⲣⲟⲩⲟⲓϣⲓ-ⲃⲟⲓϯ (*Zeitschrift, etc.* 1871, p. 12), aujourd'hui *Tidaouaalfarahin* (Champollion, *L'Égypte sous les Pharaons*, p. 225). (J. de Rougé.)

[4] *Nuter teb* devait se lire *Teb nuter* « Sebennytus », chef-lieu du XIIe nome de la basse Égypte, .

[5] *Pahebi*, probablement *Bohbaït*, à trois lieues au nord de *Sebennytus*. (J. de Rougé.)

[6] *Samhut*, nom du XVIIe nome de la basse Égypte, le *Sebennytus inferior*, dont le chef-lieu est *Paχen-âmon* « Pachnamunis ». (J. de Rougé.)

[7] *Pasupti*, chef-lieu du XXe nome de la basse Égypte, . La localité qui suit, *Aa-pen-sebti-hat*, inconnue jusqu'ici, devait être dans le voisinage.

[8] *Pa-osiri-neb-ṭaṭ* « Busiris », chef-lieu du IXe nome de la basse Égypte, .

Nesnakati [1] *em (Ka)ḥeseb* [2] *ḥā uer en mā* *Neχt-hor-na-*

Nasnakati à (Ka)heseb; le grand chef des Mašuaš Nekhthorna-

šennu *em Paχerer* [3] *sar en mā* *Pen-ta-ur* [4] *sar*

šennu à Pakherer; le chef des Mašuaš Pentaur; le chef

en mā *Pentabuχen* *nuter ḥon hor* *neb seχem* [5]

des Mašuaš Pentabukhen; le prophète d'Horus, seigneur de Sekhem,

(117) 

Peṭu-hor-samto *ḥā* *Har-besa* [6] *em Pa-seχet-*

Petuhorsamto; le chef Harbesa à Pasekhet-

neb-t-sa *Pa-seχet-neb-raḥesaui* [7] *ḥā* *T'aṭ-χiau*

nebtsa et Pasekhetnebrahesaui; le chef Tatkhiau

[1] *Nasnakati.* Ce personnage est nommé plus haut (l. 19) avec son père *Bukennifi.*

[2] *Ḥebes*, XIe nome de la basse Égypte. Ce chef-lieu s'écrit tantôt *ḥebes* et tantôt *ḥeseb;* c'est le nome *Pharbætites.* Cf. Brugsch, *Zeitschrift, etc.* 1871, p. 60. (J. de Rougé.)

[3] *Paχerer,* localité qui n'est pas encore identifiée d'une façon certaine.

[4] *Pentaur* et *Pentabuχen* sont deux noms propres de chefs; le déterminatif se trouve à la fin de ces mots, probablement parce que *Taur* et *Tabuχen* désignent des déesses locales.

[5] *Seχem,* chef-lieu du IIe nome de la basse Égypte, *χnes.* (Cf. Pleyte, *Zeitschrift, etc.* 1860, p. 17, et Dümichen, *Kalend. Inschr.* 118 *b* et 106 *d.*) C'est le nome *Letopolites.*

[6] *Hurbesa.* Il y a, à Gizeh, les restes d'un tombeau du style de la XXVIe dynastie, au nom d'un *Hurbesa,* dont les titres sont les suivants : ; son fils se nommait .

[7] *Pa-seχet-neb-sa* et *Pa-seχet-neb-rehasaui,* localités inconnues. *sa* n'est pas Saïs , comme l'a traduit M. Lauth.

em χentnefer ḥā Pabesa em χerau em Pa-ḥāpi[1]

à Khentnefer; le chef Pabes à Kherau et à Pahapi

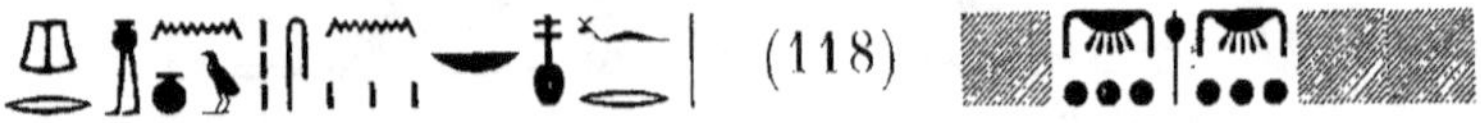

(118)

χer ānnu sen neb nefer .... *nub ḥat'* ....

avec leurs dons tous bons. .... or, argent, ...

(119)

(atiti) s-ḥen ...... *em pek ānta em χebχeb*

des lits couverts ......de byssus, du parfum dans des vases

(120)

.... *em šau nefer ḥater-u* ....

...........(des choses) d'un usage bon. des chevaux. ....

(121)

.........[2] *(ḥer) nen iu-ntu er t'at en ḥon-f*..............

.... Après ces choses on vint pour dire à S. M..............

(122)

......*menfiu*........... *su āneb- u-f en (senṭ-k) ṭuf χut*

....des soldats........... sa muraille par ta crainte; il a mis

(123)

em pere-ḥat'.....*ḥer ātur s-ter-nef Mesṭi*[3] *em*

la flamme dans le trésor... sur le fleuve; il a muni Mesti de

[1] *χerau* et *Paḥapi*. Nous avons vu qu'il y avait un *Kherau* près d'Héliopolis; nous savons de même qu'une *Nilopolis* était située dans la même région. Il s'agit peut-être ici de ces deux mêmes localités.

[2] (L. 121.) Ici semble commencer le récit d'une révolte partielle.

[3] *Mesti*, localité inconnue, située dans le Delta. M. Lauth transcrit à tort, selon nous, *Mesdaher*.

menfiu . . . . *ḥān* *er ṭu-t en ḥon-f* *šem* *χera-u-f*

soldats; . . . . Voici que le roi envoya ses combattants

(124) 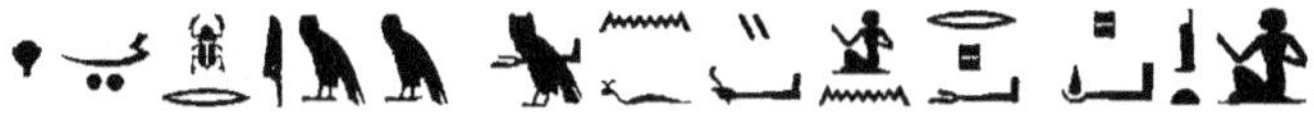

ḥer maa χeper *àm* *mā* *nefi* *en* *erpā* *Peṭuas-t*

pour voir ce qui arrivait de l'ennemi du prince Petisis.

 (125)

iu-ntu *er* *sma* *en ḥon-f* *em ṭaṭ* *smam-na* *ret* *neb*

Ils vinrent pour annoncer à S. M. en disant : Nous avons tué tout homme

 (126)

kem-na *àm* *un* *àn ḥon-f* *er ṭu-t* *su* *en fek-* *u* [1] *en*

que nous avons trouvé là. Alors le roi donna cela en possession au

erpā *Peṭuas-t* *ḥān sotem-su* *sar* *en mā* *Tafneχt-ta*

prince Petisis. Voici que entendit cela le chef des Mašuaš Tafnekhta;

 (127)

er ṭu- *iu* *àpu* *er bu χer* *ḥon-f* *em* *sun-*

il fit aller un envoyé au lieu où était S. M. pour im-

 (128)

sun [2] *em ṭaṭ* *hotep er-k* *àn maa-nà ḥa-k em* *hru en*

plorer en disant : Apaise-toi! Je n'ai pas vu ta face au jour de

[1] *Fek* «approvisionner». Cf. l. 8 et l. 140. ϬЄΚЄ «merces».

[2] *Sunsun* «implorer». Cf. СΗΠСΗ «inquirere, disputare». (Brugsch, *Dict.*)

šep[1] *án* *ḥā-á* *χefte* *heh-k* *nerau-á en šefi-k* *ás*

l'opprobre! je ne tiens pas contre ta flamme! a vaincu moi ta terreur; car

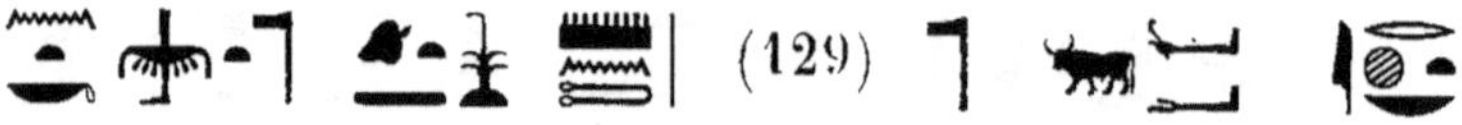

ntuk *nubti* *χent to-res* *Mont* (129) *ka neχt-ā* *ár χet-neb*

tu es Nubti dans le Midi; Mont, taureau victorieux! Toute chose

ṭu-k ḥa-k *er-s án* *kem nek* *bak*[2] *ám* *er pehu-ná* *(tuu)*[3] *na*

que tu regardes, tu ne trouves pas d'opposant. J'ai atteint les régions de

uatur (130) *áuá* *sent-kuá en* *biu-k* *ḥer* *tuṭ* *pef* *nebá*

la mer, et je redoute tes esprits à cause de cette parole de flamme;

ár χefte er-á *án* *áu* *án keb* (131) *áb* *en ḥon-k em* *nen*

est fait un ennemi contre moi. N'est donc pas apaisé ton cœur par les choses

ár nek *er-á* *nek* *ás* *χerhā*[4] *mā* *án se-*

que tu as faites contre moi? Je suis maintenant malheureux en vérité; je ne suis pas

[1] *Sep.* Ce mot est écrit quelquefois ou . Cf. ϣⲓⲡⲉ «opprobrium». (Brugsch, *Dict.*)

[2] *Bak*, ⲃⲱⲓϭⲉ «séditieux». Cf. l. 111.

[3] Le signe initial de ce mot paraît être ⊂⊃ plutôt que ▬; ce serait alors les îles de la mer.

[4] *χerhā.* La lecture de ce mot est douteuse; le sens paraît être «fâcheux, misérable, pénible». Il est déjà employé à la ligne 78. On doit comparer ce mot au de la *Stèle du songe* (revers, l. 37). Le chef *Pakerer* dit au roi vainqueur : «Tu tues qui tu veux, tu donnes la vie à qui te plaît;» ce que M. Maspero traduit par : «L'on ne résiste pas au feu de ta double plume (?).» (Cf. *Revue archéol.* 1868, p. 337.)

 (132) 

χa-kuå er t'ar[1] *buta ka em uusu*[2]

rejeté dans l'horreur du crime. La mesure de la balance

reχ em kaṭ-u[3] *keb-k sen nå em χemet-u uaḥ per-tu*

connaît les *kaṭ-u;* multiplie-les pour moi en pardon! Plaçant des semences,

 (133) 

āb-k-su en tår em uha[4] *mennu*[5]

tu les recueilleras à leur temps; ne détruis pas le jardin

er uab-u-f uaḥ-k ḥer[6]*-k em χat-å sent-k em āb-å*

dans ses fleurs! Tu as placé ta crainte dans mon sein, ta terreur dans ma chair.

 (134) 

ån ḥemse nå em ā ḥak-t ån mas-tu-nå

Je ne m'assois pas dans la demeure de la boisson; n'est pas apporté à moi

[1] *T'ar.* Ce radical peut être un dérivé de *t'a* «impureté, ennemi», d'où *t'at'a,* ϫⲁϫⲓ «ennemi». M. Brugsch traduit ce mot *t'ar* par «compte» dans son dictionnaire; cependant ce doit être le même que *t'ar,* qu'il traduit par «impur» (*Dict.* p. 1567). Voyez Dümichen, *Kal. Inschr.* pl. LV, et *Todtenbuch,* 64, 21. On peut rapprocher le copte ϫⲓⲙⲡⲓ «sordes».

[2] *Uusu* «la balance» et plutôt «les plateaux»; l'orthographe complète est : . Cf. ⲟⲩϣⲉ «paropsis». Au chap. cxxv du *Rituel,* il est dit : «Je n'ai pas ajouté au poids de la balance.» Le nom ordinaire de la balance est : *maχit,* en copte ⲙⲁϣⲓ.

[3] *Kaṭ-u,* poids divisionnaires servant principalement à mesurer les métaux précieux. Cette phrase est difficile à comprendre : cela veut dire probablement que de même que la finesse de la balance se reconnaît aux petites divisions de poids, de même Piankhi saura lui peser le pardon. Tout ce paragraphe a été tout différemment traduit par M. Lauth.

[4] *Em uha. Em* prohibitif : «ne détruis pas.»

[5] *Mennu,* plantation d'arbres fruitiers.

[6] *ḥer* «crainte». Cf. ϩⲉⲗⲓ «terror». (Voyez Brugsch, *Dict.*)

bȧn [1] (?) *am-ȧ* *ȧs ta en ḥek* *sesau-ȧ* *mu* *em*

. . . . . . ? Je mange du pain dans la faim ; je bois de l'eau dans

(135) 

ȧb *ťer hru pif* *setem-k ran-ȧ* *teḥer* [2]

la soif. Depuis ce jour où tu as entendu mon nom, est la crainte (?)

 (136)

em *kes-u-ȧ* *tep-ȧ* *user* [3] *ḥebes-* *u-ȧ*

dans mes os, ma tête se consume ; mes vête- ments

ḥeta [4] *er* *s-ḥotep-tu-nȧ* *Net* *fu* *ḥap* *ȧn* *nek* *er-ȧ*

sont en lambeaux. Je me suis confié à Neith tout à fait me cachant ; viens à moi,

 (137)

ḥer ker-ȧ *χer* *ȧn ter* [5] *s-* *peχχa-* [6] *ka-ȧ* *s-āb*

ta face vers moi. Si je re- nie (?), est purifié

[1] Ce mot est écrit [hiéroglyphes] sur le monument. Il faut probablement, comme l'ont proposé M. Brugsch dans son dictionnaire et M. Lauth, corriger [hiéroglyphes] *bȧn* «harpe», écrit ordinairement [hiéroglyphes], et traduire : «On ne me présente plus la harpe.»

[2] *Teḥer,* mot nouveau qui peut venir de *ḥer* «crainte». Cf. le copte ϩⲣⲟⲓ «pavere».

[3] *User* veut dire aussi «être privé de». On pourrait donc aussi traduire ici : «Ma tête se dégarnit de cheveux par la peur.»

[4] *Ḥeta,* avec le déterminatif [hiéroglyphe], doit signifier «être en lambeaux». Cf. ϩⲓⲧⲉ «terere, imminui».

[5] *χer ȧn ter,* mot à mot : «quod si ergo.»

[6] *Peχχa* «séparer, renier». Ainsi *Todtenbuch,* ch. CXXV ; titre : Chapitre d'entrer dans la salle des deux *Mā* : 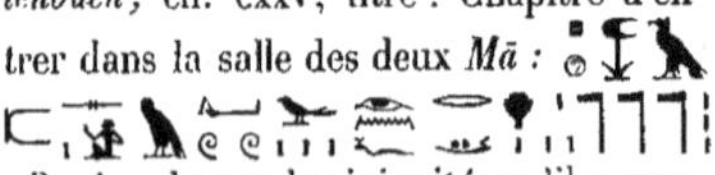 «Renier chacun les iniquités qu'il a commises, pour voir la face des dieux.»

bek *em tes-f*[1] *ämmā* *šep-t* *χet-á er per-ḥat'* *em*

le serviteur par le pardon (?). Que soient prises mes choses pour le trésor en

(138)

nub *ḥnā āa-t neb* *ḥā-tu* *ás na semsem-u* *tebu*[2]

or, avec les pierres précieuses. les premiers des chevaux, fournissant

em χet neb *ámmā* *iu-ná* *á-*

en toute chose. Que vienne vers moi l'en-

(139)

put em sán

voyé pour racheter,

ṭer-f sent em *áb-á* *ka* *per-á* *er nuter ḥā em ḥa-f* *sāb-á*

pour effacer la crainte de mon cœur. Ainsi j'irai vers le temple avec lui; je me sancti-

em ānχ

fierai par un serment

(140)

nuter *er ṭu-t ḥon-f* *šem* *χer-ḥeb ḥer Peṭu-*

sacré. Fit S. M. aller le grand prêtre Pet-

ámen-nesa-toui[3] *mur-menfiu* *Puarmá* *fek-*[4]

amennesto et le chef des soldats Puarma; il donna

(141)

nef *su*

à lui

[1] *Tes-f.* A cause du déterminatif du mal. il faut peut-être traduire : «Le serviteur est purifié de sa faute.» , avec *les jambes* comme déterminatif, veut dire «enlever»; au *Papyrus Rhind* (Brugsch, n° 343; *Ex.* II, 4), il correspond à χer = ϣⲱⲗ «auferre». M. Brugsch fait de *tes*, avec le déterminatif, un mot différent qu'il traduit par «superbia».

[2] *Teb-u*, peut-être «garnis de toutes choses», et se rapportant aux chevaux.

[3] *Petu-ámen-nesa-toui.* Dans ce nom propre est omis *neb* du titre complet d'Amon *neb nesa toui* «seigneur des trônes du monde»; cette ellipse est constante dans les transcriptions. Ce nom est égal au *Petemnesteus* des papyrus.

[4] *Fek* «approvisionner». Cf. l. 8 et l. 125.

em ḥat' nub ḥebes-u āa-t neb šepes per-nef er ḥā neter

de l'argent, de l'or, des vêtements, toute pierre précieuse. Il sortit vers le temple,

ṭuau-nef neter s- (142) *āb-nef su em nuter ānχ em ṭat*

il invoqua le dieu; il se sanctifia par un serment saint, en disant :

ån teha-å suten utu ån uån-å[1] (143) *ṭat-u*

Je ne violerai pas les ordres royaux; je ne m'éloignerai pas des paroles

ḥon-f ån år-å uu[2] *er ḥā em χem-k år-t-å*

du roi. Je ne ferai pas de dommage à un chef toi ne le voulant pas; j'agirai

em ṭat- (144) *u en suten ån teha-å utu-nef ḥān ḥon-f*

selon les pa- roles du roi; je ne violerai pas son ordre. Alors S. M.

heri ḥer-s iu-ntu er ṭat (145) *en ḥon-f Nuter ḥā (anpu)*[3]

fut contente touchant cela. On vint dire à S. M. : Nuter ha anpu

[1] *Uan* «relinquere». Voyez ci-dessus, l. 7.

[2] *Uu*. Cf. ⲟⲩⲟⲓ «væ!» Au *Papyrus Rhind* (Brugsch, n° 158; *Ex.* XIII, 2), ce mot correspond au démotique *neb* = ⲛⲟⲃⲉ «peccatum». Cf. *Todtenb.* ch. LXIV, 7 : «Le péché de ma mère n'est pas sur moi.»

[3] *Nuter-ḥā-anpu*, localité inconnue, mais située d'après le récit non loin de la suivante. Ce pourrait être *Cynopolis*.

seš-sen χetem-s Mātennu [1] *er ṭu-t ḥer χa-t-s ȧn un*

a ouvert ses portes; Aphroditopolis est tombée sur son ventre. N'est pas

(146) 

ḥesep χotem-tu er ḥon-f em ḥesep-u na res χab ȧment

un nome fermé pour S. M. parmi les nomes du midi, du nord, de l'ouest,

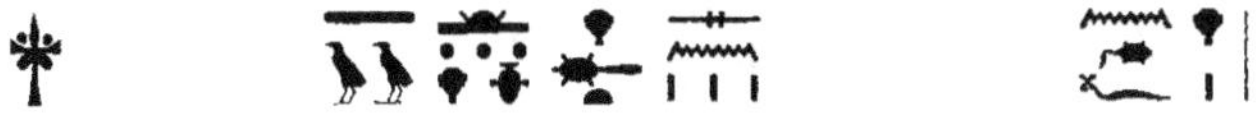

ȧbet tuu ḥeri ḥer χat sen en sent-f ḥer

de l'est. Les pays du centre [2] (sont) sur leurs ventres par crainte de lui.

(147) 

er ṭu-t mā χet-sen er bu χer ḥon-f ma neta [3]-u nte sebā-t

Ils offrent leurs biens au lieu où est S. M. comme sujets de la porte.

 (148) 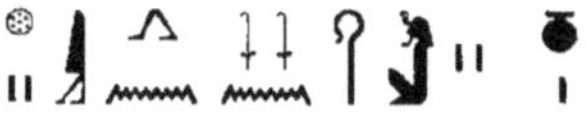

hat' erf to ṭiau sep sen ȧi en nen ḥek sen na

Lorsque fut éclairée la terre au matin second vinrent les deux rois de la

res ḥek sen na χab em [4] *ārā-u er sen-*

haute Égypte et les deux rois de la basse Égypte avec leurs diadèmes pour adorer

[1] *Mātennu.* Ce passage donne le phonétique du xxiie nome de la haute Égypte,  «l'Aphroditopolite», dont le chef-lieu se nommait de son nom sacré :   *Pa-neb-t-tep-ahe,* ⲠⲈⲦⲠⲈϨ, ⲦⲠⲎϨ, *Aphroditopolis.* M. Lauth ne l'a pas reconnu.

[2] «Les pays du centre», c'est-à-dire «les nomes de l'intérieur du Delta». Voy. l. 19.

[3] *Neta* «sujet, être soumis à». Cf. *Décret de Canope,* l. 7, où  correspond au grec *τάσσομαι ὑπό.*

[4] *Nimrod* et *Uaput* pour le midi, *Osorkon* et *Pefaabast* pour le nord.

(149)

ta en biu — *ḥon-f ȧs χer nen suteni-u* — *ḥā-u na to χab*

les esprits de S. M. Voici que ces rois et les chefs de la basse Égypte

(150)

ȧi er maa nefer-u ḥon-f reṭ- sen em reṭ

vinrent pour voir les beautés de S. M.; leurs jambes comme des jambes de

ḥim-t-u ȧn āk en sen er suten pa ter-nti un en sen em ā-

femmes. Ils n'entrèrent pas dans la demeure royale, parce que ils étaient im-

(151)

mā-u [1] *ḥnā kak rem-u betau pu nte*

purs et qu'ils mangeaient du poisson, ce qui est défendu dans

(152)

suten pa ȧs suten Nemrot āk- f er suten pa

la demeure royale. Mais le roi Nimrod entra dans la demeure royale

ter nti un-nef em āb ȧn kak-f rem-u ḥā-sen

parce qu'il était pur et ne mangeait pas de poisson. Ils se tinrent

(153)

er reṭ-sen uā em āk suten pa ḥān atep

sur leurs jambes, un seul entra dans la demeure royale. Voici qu'il chargea

[1] *Em āmā-u* «à l'état d'impurs». Le déterminatif peut laisser supposer qu'ils étaient incirconcis; ce membre de phrase est en tout cas opposé à *em ab* «à l'état de pur».

 (154) 

ḥā-u em ḥaṫ nub χomet[1] *ḥebes-u χet neb na*

des navires d'argent, d'or, de cuivre, de vêtements, de toute chose de la

to χab mā-u neb en Xaru χa-u[2] *neb en Ta-neter χent*[3]

basse Égypte, de tout bien de la Syrie, de tout objet du Taneter. Re-

(155) 

pu ār en ḥon-f āb-f fu mamu-f[4] *neb ḥer nehem*

monta le roi; son cœur se dilatait; son..... tout dans la joie à

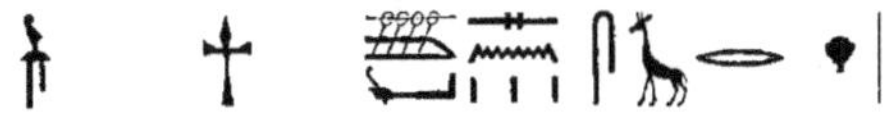 (156) 

āment ābet šep-sen sar ḥer nehem em

l'occident, à l'orient; ils le reçurent organisant des réjouissances; au

hau ḥon-f χennu neham ṫaṭ-sen pe-ḥek ter

lieu (où était) S. M. criant ils se réjouissaient en disant : Roi vainqueur (*bis*),

(157) 

Pianχi pe-ḥek ter āuk āi-tu ḥek-nek

Piankhi! roi vainqueur! Tu es venu! Tu as dominé sur

[1] *χomet* «cuivre». Voyez Lepsius, *Die Metalle*, p. 91.

[2] *χa-u*. Voyez l. 102.

[3] *χent* «remonter le fleuve, aller au midi» est opposé à  *χut* «descendre le fleuve, aller au nord». Les deux déterminatifs sont à remarquer : , la barque voile déployée, pour *χent* «remonter», et , la voile carguée et le mât baissé, pour descendre le cours de l'eau, exactement comme cela se pratique de nos jours sur le Nil.

[4] *Mamu*, mot inconnu. L'absence de déterminatif empêche de préciser le sens. M. Lauth traduit : «tous ses districts (?).»

 (158) 

to-χeb *ȧr-k ka-u* *em ḥem-t-u* *neťem ȧb en*

la basse Égypte! Tu as fait les hommes en femmes! S'est réjoui le cœur de

mut *mes-ta ťai* *sati ȧm-k amu ȧn-t*[1]

la mère qui a engendré un homme; t'a donné sa semence celui qui demeure dans *An.*

 (159) 

ȧr-t nes ȧu *kaui-t*[2] *mes ka*

Qu'il soit donné à toi de la gloire, ô vache qui engendre le taureau!

ȧuk er *neḥeḥ* *neχt-k* *men* *pe-ḥek* *meri Uas-t.*

Tu seras dans les siècles! Ta victoire demeure, ô roi ami de Thèbes!

[1] «Celui qui demeure dans An;» c'est Amon à qui est attribuée ici la génération de Piankhi.

[2] *Kaui* est la vache, mère du Soleil; c'est la suite de la même idée.

(Ligne 1.) L'an 21, le 1er du mois de Thot, sous le règne du roi de la haute et de la basse Égypte, Piankhi-Meriamen, vivant pour toujours, décret prononcé par Sa Majesté : « Écoutez ce que j'ai fait de plus que mes ancêtres. Je suis le roi, émanation divine, image vivante de Tum. » En sortant du sein, déclaré comme roi, les princes l'ont tenu en vénération ..... (2) Distingué par sa mère pour être roi, dans l'œuf; le dieu bon, aimé des dieux, le fils du soleil, fait de ses propres mains, Piankhi-Meriamen.

On vint dire à Sa Majesté : Il arrive que le prince de l'occident, le grand gouverneur de la ville de Nuter, Tafnekhta (est maître) dans le nome de (Ka-Kame), dans le nome de Ka-Heseb, dans Hapi, dans....... (3) dans An, dans Panub, dans le nome de Memphis. Il s'est emparé de l'occident dans tout son contenu depuis les extrémités jusqu'à Tatoui. Il marche au midi avec une armée nombreuse; les deux régions se réunissent auprès de lui. Les commandants et les gouverneurs de nomes sont à ses pieds comme des lévriers. Ils ne lui ont pas fermé (leurs villes; il a même envahi) (4) les nomes du midi : Meritum, la ville de Parakhemkheper, Crocodilopolis, Pamadjat, Takinesch; toutes les villes de l'ouest lui ont ouvert leurs portes, effrayées par lui. Il s'est tourné (ensuite) vers les nomes de l'orient et lui ont également ouvert leurs portes : Habennu, Taiutsai, Hasuten, Aphroditopolis, ... (5) Il assiége Héracléopolis et l'a complétement bloquée; il ne laisse ni sortir, ni entrer personne. Il l'attaque sans relâche; il l'a mesurée dans tout son contour et à chaque commandant est assignée une portion des remparts. Il a laissé dans leurs portions (de territoire) les commandants et les gouverneurs des nomes. Voici qu'il a passé (un temps considérable ....) (6) dans l'impiété de son cœur, et il se réjouit. Les princes, les chefs et les capitaines de l'armée qui sont dans leurs villes envoient incessamment dire à Sa Majesté : « Si tu gardes le silence à ce sujet, le midi et les nomes de la haute Égypte sont perdus. Tafnekhta, marchant en avant, ne trouvera personne qui puisse l'arrêter.» Nimrod . . . . (7) le chef de Hauer; il a abattu le rempart de Nefrus; il a lui-même démantelé sa ville, de peur d'être pris par lui. Mais, assiégé dans une autre ville, il est allé se ranger à ses pieds; il a déserté le parti de Sa Majesté et se tient avec Tafnekhta comme l'un (de ses sujets. Celui-ci lui a donné) (8) le nome d'Oxyrynchus et l'a récompensé en le comblant de tous les biens qu'il pouvait désirer.

Sa Majesté envoya dire aux commandants et aux capitaines des soldats qui étaient en Égypte, au capitaine Puarma, au capitaine Lameriskani, ainsi qu'à tous les capitaines de Sa Majesté qui étaient en Égypte : «Partez pour la guerre, disposez le combat, environnez (le nome d'Hermopolis); (9) capturez ses hommes, ses troupeaux et ses barques sur le fleuve. Ne laissez pas sortir les travailleurs dans les champs! Ne laissez pas les laboureurs labourer! Assiégez Un (Hermopolis); attaquez-la sans relâche.»

Ils firent ainsi, et voici que Sa Majesté envoya des soldats en Égypte en leur donnant de nombreux préceptes : «N'(attaquez pas) (10) pendant la nuit, comme pour un jeu; attaquez quand vous verrez qu'il a disposé ses troupes pour une marche. On dira qu'il a fait retourner ses soldats et ses cavaliers dans une autre ville : Ô! tenez-vous tranquilles jusqu'à ce que ses soldats viennent. Attaquez quand on dira qu'il est avec ses forces dans un autre endroit. Soit que (11) ces chefs qu'il a amenés dans son armée, les Tahennu et les guerriers du nord, se réunissent; soit qu'ils disposent leur armée comme les anciens; car nous ne savons pas quels ordres il donne pour la manœuvre de l'infanterie et pour soumettre au joug les meilleurs coursiers des écuries. Donc (12) quand la bataille est engagée, souvenez-vous qu'Amon est le dieu qui nous envoie. (Aussi) lorsque vous arriverez dans le nome de Thèbes, en face de Ap, entrez dans l'eau; purifiez-vous dans le fleuve. Prenez l'habit de fêtes au port de Tap; déposez l'arc et laissez le trait. Qu'un chef ne s'oppose pas (13) au seigneur de la vaillance, sans lequel aucun guerrier n'a de valeur. Il rend vainqueur un bras rompu; il annihile les multitudes et il égale un seul à des milliers de personnes! Baignez-vous dans les eaux de ses autels; prosternez-vous devant lui et (14) dites-lui : « Donne-nous la route, pour que nous combattions à l'ombre de ton glaive. L'enfant que tu envoies terrifiera « celui qui a effrayé des multitudes. »

Ils se prosternèrent devant le roi (en disant) : « C'est ton nom qui devient pour nous un glaive! Ta science dirige tes armées; ton pain est dans notre corps dans tous nos voyages; ta bière (15) étanche notre soif. C'est ta valeur qui nous donne des armes; on est victorieux en rappelant ton nom. Elle ne résiste pas l'armée dont le chef est un infâme! Qui donc est semblable à toi? Tu es le roi victorieux qui agit de ses propres mains et commande les travaux de la guerre. »

Descendant (16) le fleuve, ils arrivèrent à Thèbes et obéirent à toutes les paroles de Sa Majesté. S'étant avancés en suivant le cours du fleuve, ils rencontrèrent une flotte nombreuse qui remontait vers le midi; elle était chargée de soldats, de matelots et de tous les vaillants capitaines de la basse Égypte, complétement équipés, (17) qui venaient pour combattre l'armée de Sa Majesté. On en fit un grand carnage, on n'en sait pas le nombre. On prit les soldats et leurs vaisseaux et ils furent amenés vivants à la résidence de Sa Majesté. Ils marchèrent ensuite vers la ville de Khenensu (Héracléopolis) pour y livrer bataille. On le fit savoir aux rois et aux commandants de la haute Égypte. En effet, le roi Nimrod avec (18) le roi Wuaput; le prince des *Mašuaš*, Scheschonk, de la ville de Busiris; avec le grand chef des *Mašuaš*, T'atamanaufankh, de Mendès; avec son fils aîné qui était commandant des troupes de Pa-tot-aper-hehu; les soldats du prince héritier Bukennifi, avec son fils aîné, le chef des *Mašuaš*, (19) Nasnakati du nome de Ka-heseb; tous les princes portant la plume de la basse Égypte, ainsi que le roi Osorkon qui était à Bubastis et dans le territoire de Ra-nefer; tous les commandants et gouverneurs de nomes de l'occident, de l'orient et des pays du centre, s'étaient tous ensemble réunis dans une même voie, suivant les pas du grand chef de l'occident, gouverneur des nomes de la basse Égypte, prophète de Neith, dame de Saïs, (20) et prêtre de Ptah, Tafnekhta. S'étant avancés contre eux, ils en firent un massacre immense et ils prirent leurs vaisseaux sur le fleuve. Le reste ayant traversé, aborda vers l'occident, à Pa-peka. Le lendemain matin, l'armée de Sa Majesté passa (21) à leur suite. Les soldats se mêlèrent aux soldats, et ils tuèrent parmi eux une telle quantité d'hommes et de chevaux, qu'on n'en sait pas le nombre. De la grande terreur qui s'empara du reste, ils s'enfuirent vers la basse Égypte, dans une déroute longue et désastreuse. Compte du massacre fait parmi eux : hommes . . . . (22) . . . . . Le roi Nimrod revint au midi, ayant entendu dire que Sesennu (Hermopolis) avait été prise par les ennemis sur (?) les soldats de Sa Majesté. Il captura les hommes et les troupeaux, puis il se renferma dans Un (Hermopolis). Les troupes de Sa Majesté étaient sur le fleuve et sur le rivage (23) de Un; ayant appris cela, ils bloquèrent Hermopolis sur ses quatre côtés, ne laissant ni sortir ni entrer personne. Ils envoyèrent alors faire un rapport à la Majesté du roi Piankhi-Meriamen, vivant à toujours, concernant la terreur qu'ils avaient inspirée et toutes les victoires de Sa Majesté. Alors le roi entra en fureur comme la panthère : « S'ils laissent (24) subsister le reste de ces soldats de la basse Égypte; s'ils laissent s'échapper un seul d'entre eux pour raconter son expédition; s'ils ne les font pas tous mourir dans leur défaite, (j'en jure) par ma vie! par l'amour du dieu Ra! par la faveur de mon père Amon! je descendrai moi-même, je détruirai tout ce (25) qu'il a fait et je le ferai pour jamais renoncer au combat. Lorsque j'aurai accompli les rites du commencement de l'année, je ferai mes offrandes à mon père Amon dans sa bonne panégyrie dans laquelle il fait sa sortie du commencement de l'année; il me permettra de voir en paix Amon dans sa bonne panégyrie de Ap. Je le ferai sortir solennellement dans son image (26) vers Ap du midi, dans sa belle panégyrie de Ap, dans la nuit de fête consacrée dans Thèbes, panégyrie qu'a célébrée le dieu Ra au commencement des temps. Je le ferai sortir vers son temple et reposer sur son trône au jour de l'entrée du dieu, le 2ᵉ jour du mois d'Athyr; alors je ferai goûter à la basse Égypte, goûter mes griffes. »

Les soldats qui étaient en Égypte (27) eurent connaissance de la fureur du roi contre eux : ils combattirent alors vers Uab, à Pamat'at (Oxyrynchus); ils prirent cette ville comme un orage d'eau. Ils envoyèrent vers le roi qui ne se calma pas pour cela. Ils attaquèrent alors Tatehni, ville très-forte (?); ils la trouvèrent remplie (28) de soldats vaillants de la basse Égypte. On fit un bélier pour renverser ses murailles. Ils firent parmi eux un carnage dont on ne peut évaluer la quantité; le fils du prince des *Mašuaš*, Tafnekhta, était du nombre. Ils envoyèrent dire cela à Sa Majesté qui ne s'apaisa pas pour cela. (29) Ils attaquèrent alors Habennu; elle ouvrit ses portes et les soldats de Sa Majesté y entrèrent. Ils envoyèrent dire cela au roi qui ne s'apaisa pas pour cela.

Le neuvième jour du mois de Thot, Sa Majesté descendit vers Thèbes, où elle célébra la fête d'Amon, dans la panégyrie de Ap. Sa Majesté (30) descendit ensuite vers la ville d'Hermopolis. Sa Majesté sortit de la cabine de sa barque, mit le joug sur ses chevaux et monta sur son char. La terreur de Sa Majesté (se répandit) jusqu'au fond de l'Asie; tous les cœurs étaient dans la crainte. Sa Majesté sortit pour se précipiter (31) sur les ennemis et se mit en fureur contre eux comme la panthère : « Si, continuant vos combats, (dit-il), vous retardez l'accomplissement de mes ordres, si vous complétez votre rébellion, je ferai sentir ma terreur à la basse Égypte. » Il leur fit subir une défaite longue et désastreuse sous ses coups. Le roi plaça son camp au sud-ouest d'Hermopolis qu'il attaquait (32) chaque jour. Il construisit des monticules de terre pour couvrir la muraille; il plaça des échelles pour l'escalader. Les archers lançaient des traits; les catapultes jetaient des pierres, afin de tuer chaque jour du monde parmi eux. Au bout de trois jours, Hermopolis eut son air corrompu et fut privée de respiration. (33) Alors Hermopolis se rendit, implorant le roi; des messagers en sortirent, apportant toutes sortes de choses bonnes à voir : de l'or, des pierres précieuses, des étoffes en byssus. (Ils dirent :) « Il a paru! l'uræus est sur sa tête; il a imprimé sa terreur; des jours nombreux ne sont pas nécessaires pour se soumettre à son diadème. » Voici qu'il fit venir (34) sa femme, la royale épouse, fille de roi, Nestentemeh, pour implorer les épouses royales, les favorites royales, les filles et les sœurs du roi. Elle se prosterna dans la demeure des femmes devant les épouses royales (et dit :) « Venez à moi, épouses royales, filles et sœurs du roi, apaisez l'Horus, seigneur du palais. Élevés sont ses esprits! grande est sa justice! . . . . »

(Lacune de quinze lignes.)

(52) « Tu as fermé[1] le chemin de la vie! si je m'élevais vers le ciel comme une flèche, je serais (atteint par toi). (53) Les pays du midi sont vaincus; les pays du nord sont courbés (sous ton joug). Puissions-nous être sous ton ombre; . . . . (55) Pas un vieillard n'est vu avec son père (?); ses districts sont pleins d'enfants. » Il se prosterna devant Sa Majesté . . . . (56) l'Horus, seigneur du palais, et (il dit :) « Tes esprits m'ont fait cela. Je suis un des serviteurs du roi qui payent leurs tributs au trésor. . . . . (57) Fais compter leurs tributs! je t'en donne plus qu'eux. » Il offrit alors l'argent, l'or, le lapis-lazuli, l'émeraude, le fer et toute sorte de pierres précieuses en grand nombre. (58) Il remplit le trésor de ce tribut. Il amena un cheval de la main droite et, dans la main gauche, il tenait un sistre d'or et de lapis. Le roi sortit alors (59) de son palais pour se rendre

[1] Probablement un discours de *Nimrod*, dont la lacune contenait le commencement.

au temple de Thot, seigneur d'Hermopolis, et des huit dieux dans le temple des huit dieux. (60) Les soldats du nome d'Hermopolis firent éclater leur joie. Les prophètes dirent : « Il est très-bon l'Horus qui descend dans (61) sa ville, le fils du soleil Piankhi; tu nous fais une fête, parce que tu as protégé Hermopolis. » Sa Majesté se rendit alors (62) au palais du roi Nimrod; il passa dans toutes les chambres de la demeure royale; il visita le trésor et les magasins. Il se fit amener (63) les épouses et les filles du roi. Elles invoquèrent Sa Majesté comme (le savent faire) des femmes; mais Sa Majesté ne tourna pas son visage (64) de leur côté. Sa Majesté se dirigea ensuite vers l'écurie des chevaux et le dépôt des poulains; et il vit qu'on (65) les avait laissés manquer de nourriture. Il dit alors : « Par ma vie! par l'amour de Ra qui me donne de nouveaux souffles de vie! avoir affamé (66) mes chevaux, c'est un crime plus grand que toutes les offenses que tu as commises! Ne rebelle pas ton cœur (?). J'attesterai la terreur du maître (67) à tes serviteurs. Est-ce que tu oublies l'ombre divine de mon visage? On n'échappe pas à ma valeur. Certes, si toute autre personne (68) à moi inconnue eût fait pareille chose, je ne lui eusse pas pardonné! Dès le sein (de ma mère), j'ai été enfanté dans un œuf divin; (69) Dieu m'a donné sa substance; il a placé en moi sa personne; je ne fais rien sans lui! C'est lui qui dirige mes actions. » Sa Majesté destina alors ses biens pour le trésor, (70) et ses magasins pour le domaine sacré d'Amon dans Ap. Vint ensuite le roi d'Héracléopolis, Pefaabast, avec des présents (71) pour le pharaon : de l'or, de l'argent, toute espèce de pierres précieuses et des chevaux choisis dans l'écurie. Il se prosterna devant Sa Majesté et lui dit : « Hommage à toi, Horus! (72) roi victorieux! taureau qui repousses les taureaux! J'étais au plus profond des enfers! j'étais plongé dans la nuit et la lumière m'a été donnée (73) après les ténèbres! Je n'ai trouvé personne dans le jour du malheur, qui m'assistât dans le jour du combat, excepté toi, ô roi victorieux! Tu as chassé (74) les ténèbres loin de moi.

Je suis ton serviteur avec tous mes biens. Héracléopolis donne ses tributs (75) à ton palais. Voici l'image d'Harmachis au-dessus des constellations; son existence est ton existence, de même qu'il n'éprouve aucun dommage, tu ne subis aucune atteinte (76), ô roi Piankhi, vivant à toujours! » Sa Majesté descendit ensuite vers *Apše* (le commencement du bassin) au lieu nommé (77) Rohen. Il trouva la ville de Parakhemkheper avec des murailles élevées et ses portes fermées. Elle était pleine de vaillants soldats de la basse Égypte. Sa Majesté leur envoya dire : « Vous qui vivez dans la mort! faibles (78) . . . . . misérables! vous qui vivez dans la mort! s'il se passe un instant sans que vous m'ouvriez, vous serez juges du massacre! Ce serait pénible au roi! Ne vous fermez pas les portes que je vous ouvre pour vivre, au lieu de l'exécution (qui vous attend) en ce jour. Ne préférez pas la mort; ne méprisez pas la vie! (79) . . . . . à la face du pays entier. » Ils envoyèrent dire à Sa Majesté : « Puisque l'ombre du dieu est sur ta tête, le fils de Nut t'a donné ses mains. Ce que tu désires se fait à l'instant, comme ce qui sort de la bouche d'un dieu; car un dieu t'a enfanté! Nous voyons cela par tes œuvres. La ville et ses clôtures (80) (sont en ta puissance). Laisse entrer et sortir. » Le roi leur accorda ce qu'ils désiraient; et voici qu'ils sortirent avec le fils du chef des *Mašuaš*, Tafnekhta. Les soldats de Sa Majesté entrèrent dans la ville; pas un homme ne fut tué de ceux qui s'y trouvèrent. (81) (Le roi envoya ses) chanceliers pour sceller le dépôt des titres (?). Il vérifia ses trésors pour le trésor royal et ses greniers pour les offrandes sacrées de son père Amon-Ra, seigneur des trônes du monde. Le roi descendit ensuite et trouva Meritum, la demeure de Sokaris, seigneur d'illumination (Pa-sokar-neb-sehat'), qui était fermée. Il ne l'avait pas atteinte que déjà on se battait dans son sein. (82) La peur les (avait saisis); la terreur avait fermé leur bouche. Sa Majesté leur envoya dire : « Placez devant vous deux lignes de conduite et choisissez suivant votre désir. Ouvrez, et ce sera la vie, ou fermez, et ce sera la mort! ma Majesté ne passera pas devant une ville fermée.» Ils ouvrirent alors à l'instant et Sa Majesté entra dans l'intérieur de cette ville. Il offrit (83) .... à Menhi dans la ville de Sehat'. Il vérifia le trésor et les greniers pour les offrandes divines d'Amon dans Ap. Le roi descendit ensuite vers Totaui où il trouva les remparts fermés; ses murailles étaient remplies de soldats vaillants de la basse Égypte. Mais ils ouvrirent leurs portes et se prosternèrent (84) (devant le roi, en disant) : «Ton père a disposé pour toi de son héritage, comme seigneur des deux mondes. Tu les possèdes; tu es le seigneur qui domine le monde.» Lorsque le roi fut passé, il fit une grande offrande aux dieux de cette ville en bœufs, veaux, oies et toutes sortes de bonnes choses. Il vérifia son trésor pour le trésor royal et ses magasins pour les offrandes sacrées (85) (d'Amon) .... (Sa Majesté s'approcha ensuite) de Memphis et envoya dire aux habitants : «Ne fermez pas vos portes, ne combattez pas, vous qui êtes dans la ville. Le dieu *Šu* était au commencement des temps; j'entrerai et je sortirai comme lui[1]. Si vous ne repoussez pas mes pas, je consacrerai une offrande à Ptah et aux dieux qui sont dans Memphis; j'accomplirai les rites de Sokaris dans le temple de *Šeta;* je contemplerai Ptah. Je m'en irai pacifiquement. (86)..... (Je traiterai) Memphis avec douceur; elle sera épargnée! Les enfants ne pleureront même pas! Voyez les nomes du midi; personne n'y a été tué en dehors de ceux qui blasphémaient le dieu. Le supplice n'est fait que pour l'impie.» (Mais) ils fermèrent leurs portes et firent sortir des soldats contre un détachement du roi composé d'ouvriers, de chefs de construction et de matelots. (87) .... (sur) le rivage de Memphis. Voici que le prince de Saïs (Tafnekhta) s'approcha de Memphis pendant la nuit, en disant à ses soldats, à ses matelots, à tous les généraux, formant un total de 8,000 hommes et leur redisant sans cesse : «Memphis est remplie des meilleurs soldats de la basse Égypte; l'orge, le blé et toute espèce de grains

[1] C'est-à-dire : «sans vous faire de mal.»

des greniers s'y trouvent en abondance; tous les ustensiles de travail (88) . . . . ; la muraille d'enceinte est construite; le grand bastion est disposé d'après les règles de l'art; le fleuve entoure le côté oriental (de la ville) et on ne peut trouver un point d'attaque contre elle. Les parcs sont pleins de bestiaux; le trésor est garni de toutes choses : d'argent, d'or, de cuivre, de vêtements, de parfums, de miel, d'huile. Je m'en vais et je donne tout cela aux princes de la basse Égypte. Je leur ouvre leurs nomes; (89) . . . . (Défendez-vous) longtemps jusqu'à mon arrivée. » Il monta alors à cheval, ne se confiant pas à son char, et s'en alla vers le nord par crainte de Sa Majesté. Le lendemain matin, le roi s'approcha de Memphis où il aborda vers le nord. Il trouva l'eau montée jusqu'aux murailles et les bateaux abordèrent (90) (au rivage) de Memphis. Or le roi vit qu'elle était bien fortifiée; le mur d'enceinte était élevé par des constructions nouvelles; les fortifications étaient renforcées; on ne trouvait pas de point d'attaque contre la ville. Tous les soldats du roi discouraient sur les règles de la guerre et disaient : « Attaquons (91) . . . . Ses soldats sont pourvus de tout. En construisant un plan incliné, nous élèverons le sol à la hauteur de son mur d'enceinte, nous attacherons ensemble des échelles; nous dresserons des mâts et des poutres dans tout son pourtour. Nous diviserons de cette manière tout son circuit par des buttes de terre et (92) . . . . afin de s'en emparer. Nous élèverons le sol à la hauteur de ses murailles et nous trouverons ainsi notre chemin. » Le roi se mit alors en fureur comme une panthère et dit : « Par ma vie! par l'amour de Ra et par la faveur de mon père Amon! je comprends que cela est arrivé par l'ordre d'Amon! Ceci est la parole des hommes, (93) . . . . avec les nomes du midi qui lui ont ouvert la route. Ils n'ont pas placé Amon dans leurs cœurs; ils ne connaissent pas ses ordres. Amon agit ainsi pour que sa puissance apparaisse et pour montrer la terreur (qu'il inspire). J'emporterai cette ville comme un ouragan! c'est l'ordre (94) (de mon père Amon)

. . . . » Alors le roi fit approcher ses barques et ses soldats pour attaquer Memphis sur le rivage. On lui amena toutes les barques, tous les radeaux, tous les vaisseaux, tous les transports qu'on put trouver amarrés aux rives de Memphis et dont les proues étaient amarrées aux maisons de la ville (95) . . . . Les soldats de Sa Majesté ne firent pas pleurer (même) un enfant. Le roi vint lui-même pour diriger toutes les barques et dit à ses soldats : « A vous (maintenant) d'attaquer la ville; entourez la muraille et entrez dans les maisons par le fleuve. Si l'un d'entre vous arrive sur la muraille, qu'il ne reste pas en place, (96) . . . . Ne repoussez pas les chefs (qui se rendent), ce serait vil! Maintenant que nous avons bloqué le midi, nous aborderons au nord et nous nous reposerons dans la *balance des deux pays* (Memphis). » Voici qu'il prit Memphis comme un ouragan et y tua beaucoup de monde; on amena aussi des prisonniers vivants devant Sa Majesté. (97) Le jour suivant, Sa Majesté envoya du monde pour protéger les temples du dieu; puis il se dirigea lui-même vers le temple des dieux et offrit une libation aux seigneurs de Ha-ka-Ptah. Il purifia Memphis par le natron et l'encens; il rétablit les prêtres dans leurs fonctions. Le roi se rendit ensuite au temple (98) (de Ptah); il se purifia à la porte du temple et accomplit les rites réservés à la royauté. Après son entrée dans le temple, il offrit à son père Ptah de Ressebtif un grand sacrifice composé de bœufs, de veaux, d'oies et de toutes sortes de bonnes choses. Le roi rentra ensuite dans son palais et apprit que toutes les localités situées dans la campagne de Memphis, Haripetimi, Peninauaa, (99) Pebukhennebiu, Tauhibi avaient ouvert leurs portes et que (leurs défenseurs) avaient fui sans qu'on pût savoir où. Le roi Uaput, le chef des *Mašuaš*, *Mukanešu*, le prince Petisis (100) et tous les chefs de la basse Égypte vinrent alors apporter leurs tributs pour être admis à contempler les splendeurs du roi. Sa Majesté disposa du trésor et des greniers de Memphis pour les offrandes à Amon, à Ptah et aux dieux d'Ha-ka-Ptah. Le jour suivant, le roi se dirigea vers l'orient; il offrit à Tum dans Kherau, (101) aux dieux dans le temple des dieux et aux dieux qui résident dans Amah, un sacrifice de bœufs, de veaux, d'oies, afin qu'ils accordent toute prospérité au roi Piankhi, vivant à toujours. Sa Majesté se dirigea ensuite vers Héliopolis par la montagne de Kher et le chemin du dieu Sap vers Kher; il passa par le camp qui était à l'occident de Merti. Il fit une offrande et se purifia (102) dans la source fraîche; il lava son visage dans l'eau de Nu, où le Soleil lave son visage. Il passa vers *Šaiukaman;* à *Šaiukaman* il fit une grande offrande au Soleil dans son lever, composée de bœufs blancs, de lait, de parfums, d'encens et de bois odoriférants de toutes sortes. (103) Puis il vint au temple de Ra, il y entra en faisant deux adorations. Le grand prêtre invoqua le dieu qui repousse les ennemis du roi. Sa Majesté accomplit les rites de la porte, revêtit le *seteb* (?), se purifia dans l'encens et offrit une libation; il apporta les fleurs de Habenben et en offrit le parfum (?). Il monta ensuite (104) les degrés vers le grand adytum pour voir Ra dans Habenben. Le roi demeura seul, poussa le verrou et ouvrit les portes; il vit alors son père Ra dans Habenben et vénéra les barques sacrées de Ra et de Tum. Après avoir fermé les portes, il y plaça la terre sigillaire sur laquelle il mit l'empreinte (105) du sceau royal. Puis il dit aux prêtres : «J'ai apposé un sceau; qu'aucun des rois qui viendraient ici n'y entre désormais!» Les prêtres se prosternèrent devant Sa Majesté en disant : «Qu'il soit stable et heureux! Qu'il ne subisse aucune atteinte l'Horus qui aime Héliopolis!» Le roi se disposa ensuite à entrer dans le temple de Tum et il accomplit les rites de l'Anta (106) en l'honneur de son père Tum-Khepra, seigneur d'Héliopolis. Le roi Osorkon vint alors pour voir les splendeurs de Sa Majesté. Le lendemain matin, le roi se dirigea vers le rivage où (étaient) ses barques et passa sur la rive du nome d'Athribis. La tente du roi fut dressée au midi de Kahani, à l'orient (107) du nome d'Athribis. Arrivèrent (à ce moment) les rois, les chefs de la basse Égypte, tous les princes, les porte-plumes, les porte-ombrelles, princes et fils royaux de l'occident, de l'orient et des régions du centre pour contempler les splendeurs du roi. Le prince Petisis se prosterna (108) devant Sa Majesté, en disant : « Viens vers le nome d'Athribis; tu verras Khenti-khati (Horus). Que la déesse Khuit te protége! Immole à Horus dans son temple un sacrifice de bœufs, de veaux et d'oies! Entre dans mon palais, ouvre mon trésor et tu domineras sur ce qui appartient à mon père. Je te donnerai de l'or autant que tu pourras en désirer, des émeraudes (109) semblables à toi (?) et des chevaux, la tête de mes écuries, les plus beaux de mon haras. » Le roi se dirigea vers le temple d'Horus Khenti-khati; il offrit des bœufs, des veaux, des oies à son père Horus Khenti-khati, seigneur de Kamur. Puis le roi se rendit à la demeure du prince Petisis qui lui offrit de l'argent, de l'or, (110) du lapis, des émeraudes, une quantité d'objets, (tels que) des vêtements royaux en grand nombre, des lits couverts de byssus, du parfum anta, de l'huile précieuse dans des vases, des étalons et des juments les meilleurs de l'écurie. Le prince Petisis fit alors un serment devant les rois et les grands chefs (111) de la basse Égypte, (en disant) : « Quiconque cachera ses chevaux et cèlera ce qui lui appartient, certes! il mourra de la mort de son père! Je vous le dis pour que vous cessiez de résister en ceci. Si vous savez quelque chose qui me regarde, certes! dites que j'ai caché au roi quelque chose (112) dans la demeure de mon père, de l'or, de l'argent (?), des pierres précieuses, des vases, des bracelets, des colliers d'or, des colliers ornés de pierres, des ornements pour tous les membres, des couronnes pour la tête, des anneaux pour les oreilles, des ornements royaux, des vases en or pour les ablutions du roi, enfin toutes les pierres précieuses. J'offre (113) au roi des étoffes, des vêtements en grand nombre et les meilleurs de mon palais. Je sais que cela te plaît. Passe à mon écurie et choisis ce qui te plaît parmi les chevaux. » Sa Majesté fit (en effet) ainsi. Ces rois et ces chefs dirent au roi : « Nous allons vers nos villes; nous ouvrirons (114) nos trésors et choisirons ce que tu désires; nous t'amènerons la tête de nos écuries, les meilleurs de nos chevaux. » Et Sa Majesté fit ainsi. Liste des noms : le roi Osorkon qui était à Bubastis et dans le district de Ranefer; le roi Uaput à Tenteremu et à Taan; le chef T'atamenafankh à Mendès (115) et à Taaara; son fils aîné, le chef des soldats à Pathotapireheh, Ankhhor; le chef Mukanešu à Sebennytus, à Pahebi et à Samhut; le grand chef des *Mašuaš*, Petenef, à Pasupti et à Aapensebtihat'; (116) le grand chef des *Mašuaš*, Pemau, à Busiris; le grand chef des *Mašuaš*, Nasnakati, dans le nome de Heseb (Pharbœtites?); le grand chef des *Mašuaš*, Nekhthornašennu, à Pakherer; le chef des *Mašuaš*, Pentaur; le chef des *Mašuaš*, Pentabukhen; le prophète d'Horus, seigneur de Sekhem, (117) Petuharsamto; le chef Hurbesa, à Pasekhetnebtsa et à Pasekhetnebrahesaui; le chef T'atkhiau, à Khentnefer; le chef Pabes, à Kherau et à Pahapi avec leurs bonnes offrandes (118) .... en or, argent ....., en lits recouverts de byssus, en parfums (119) dans des vases ... (en toute sorte) de choses d'un bon usage, en chevaux, (120) ... ... On vint dire (121) à Sa Majesté .... des soldats .... (il a fermé) sa muraille (122) par crainte de toi; il a mis la flamme dans son trésor .... sur le fleuve; il a muni Mesti (123) de soldats .... Le roi envoya alors ses soldats (124) pour voir ce que devenait l'ennemi du prince Petisis. Ils vinrent dire (125) à Sa Majesté : « Nous avons tué tous les hommes que nous avons trouvés dans cet endroit. » Alors le roi donna (ce territoire) (126) au prince Petisis. Voici que le chef des *Mašuaš*, Tafnekhta, apprit cela; il expédia (127) un envoyé vers Sa Majesté pour l'implorer, en disant : « Apaise-toi! Je ne t'ai pas vu (128) dans le temps de ma honte! Je ne puis tenir devant ta flamme! Je suis vaincu par tes ardeurs! Car tu es le dieu Nubti dans le midi, ô dieu Mont, (129) taureau victorieux! Quand tu considères quelque chose, tu ne trouves plus personne pour s'y opposer! J'ai atteint les îles de la mer! (130) et je redoute tes esprits à cause de cette parole de flamme. Un ennemi s'élève contre moi! Ton cœur n'est-il donc pas apaisé (131) par ce que tu as fait contre moi? Je suis maintenant misérable, en vérité! Ne me rejette pas dans l'horreur de mon crime (?). La mesure (132) de la balance connaît les petites fractions; multiplie-les pour moi en pardon (?). Si tu jettes des semences, tu en recueilleras le produit quand il sera le temps. Ne détruis pas (133) le verger lorsqu'il est en fleurs. Tu as placé ta crainte dans mon cœur; ta terreur a pénétré mes chairs! Je ne m'arrête plus (134) à la maison de boissons; on ne m'apporte plus la harpe! Dans ma faim, je ne mange que du pain; lorsque j'ai soif, je bois (135) de l'eau. Depuis le jour où tu as entendu mon nom, la crainte a pénétré mes os. Ma tête est brûlante (?)! Mes vêtements (136) sont en lambeaux! Je me suis réfugié près de Neith en me cachant. Viens à moi; tourne ton visage de mon côté! Si je renie (mon crime), (137) le serviteur ne sera-t-il pas purifié par le pardon? Qu'on prenne pour le trésor (royal) ce qui m'appartient, (138) l'or, les pierres précieuses, mes meilleurs chevaux garnis de ce qui est nécessaire. Que je désire l'arrivée (139) de l'envoyé qui effacera la crainte de mon cœur! J'irai avec lui au temple et je prononcerai (140) un serment sacré!» Sa Majesté envoya le grand prêtre Petamnesto et le chef des soldats Puarma; Tafnekhta leur donna (141) de l'argent, de l'or, des vêtements et toute sorte de pierres précieuses. Il se rendit au temple, invoqua le dieu (142) et prononça un serment sacré, en disant: «Je ne violerai pas les ordres du roi; je ne m'éloignerai pas des paroles (143) du roi! Je ne nuirai à aucun chef sans ton consentement; j'agirai selon les paroles (144) du roi et je ne transgresserai pas son ordre.» Sa Majesté se contenta de cela. On vint alors dire (145) au roi: «Nuterhaanpu a ouvert ses portes; Aphroditopolis s'est prosternée à terre. Il n'y a (146) plus de nome fermé à Sa Majesté parmi ceux du midi, du nord, de l'occident et de l'orient; les régions du centre se sont prosternées par crainte du roi. (147) Ils apportent leurs richesses devant Sa Majesté, se reconnaissant comme sujets du palais. » Le lendemain matin, (148) les deux rois de la haute Égypte et les deux rois de la basse Égypte vinrent, l'uræus au front, pour adorer les esprits (149) de Sa Majesté. Ces rois et les chefs de la basse Égypte vinrent pour voir les splendeurs de Sa Majesté; leurs jambes (150) étaient comme des jambes de femmes. Ils n'entrèrent pas dans la demeure royale, parce qu'ils étaient impurs (151) et qu'ils mangeaient du poisson, ce qui était prohibé dans la demeure royale. Mais le roi Nimrod entra (152) dans le palais du roi parce qu'il était pur et ne mangeait pas de poisson. Ils se tinrent (153) sur leurs jambes, un seul d'entre eux pénétra dans la demeure royale. Piankhi chargea des navires d'argent, d'or, de cuivre, (154) de vêtements, de toutes les richesses de la basse Égypte, de tous les biens de la Syrie et de tout ce qui vient du Taneter. Le roi remonta le fleuve; (155) son cœur se dilatait (de joie); son (pays?) tout entier était dans la joie à l'occident et à l'orient. On le reçut en organisant (156) des réjouissances. Là où était le roi, on poussait des cris de joie, en disant : « O roi vainqueur! ô roi vainqueur! tu es venu! Ta domination s'étend sur la basse Égypte. Tu as rendu les hommes (158) comme des femmes. La joie est au cœur de la mère qui a enfanté un homme! Celui qui réside dans An (Amon) t'a donné son essence! Gloire à toi! ô vache qui as engendré le taureau! Tu seras dans les siècles! Ta puissance sera éternelle, ô roi qui aimes la Thébaïde! ».

GLOSSAIRE.

À

 *àti-t-u* «lit», ligne 110.

 *àbeχ* «pénétrer», l. 21.

 *àm* «tente», l. 31.

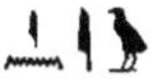 *àn àu* «si», l. 6, 23.

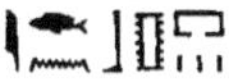 *ànebu* «murailles», l. 83.

 *àšu* «registres?», l. 81.

Ā

 *āmā* «impur», l. 150.

 *ānχ-à* «serment», l. 24, 65, 111.

 *ānṭ-u* «annihilés», l. 13.

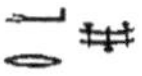 *ār* «monter», l. 89.

 *āh* «palais», l. 34, 56.

 *āṭ* «douceur», l. 86.

U

 *uan* «mettre de côté», l. 7, 142.

 *uaā* «blasphémer», l. 86.

 *uu* «dommage», l. 143.

 *uusu* «balance», l. 132.

 *uχa* «nuit», l. 87.

 *uṭefa* «retarder», l. 31.

B

 *bak* «échelle», l. 32.

 *bek* «résister», l. 111, 129.

P

 *peχχa* «renier», l. 137.

 *peḳa* «byssus», l. 110.

F

 *fek* «récompense», l. 8, 125, 140.

M

 *māχen* «barque», l. 94.

 *mātennu* «déclarer», l. 1.

 *meḥ* «remplir», l. 83.

 *mesmes* «mesurer», l. 87.

N

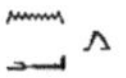 *nā* «venir», l. 95.

 *nefer-u* «poulains», l. 64.

 *naḥti* «se fier», l. 89.

 *neχ-u* «forces», l. 10.

 *net* «se baigner», l. 13.

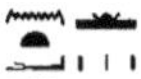 *netā-u* «les rites», l. 98.

 *neta* «sujet», l. 147.

H

ḥa, interjection, l. 67.

ḥeb ap «fête d'Amon», l. 25.

ḥebā «jeu de dames», l. 10.

ḥap «cacher», l. 111.

ḥem-t «infâme», l. 15.

ḥen «ordonner», l. 9.

ḥer «crainte», l. 133.

ḥeta «mât», l. 92.

ḥeta «être en lambeaux», l. 136.

ḥetes «accomplir», l. 29, 31.

Χ

χār «être furieux», l. 23, 93.

χau «bois précieux». l. 102, 154.

χii «élevé», l. 90.

χennu «prêtres», l. 60.

χer ḥā «fâcheux», l. 78. 131.

χesef «repousser», l. 85.

χet, préposition, l. 3.

S

sa «distinguer», l. 2.

sāp «reviser, destiner», l. 69, 105.

sau «muraille», l. 89.

sau «briser», l. 13.

saba «envoyer», l. 9.

sefek «annuler», l. 12.

semes «fils aîné», l. 18.

san «terre sigillaire», l. 104.

sen «mât», l. 28.

seni «cabine d'une barque», l. 30.

senemmeḥ «implorer», l. 33, 34.

seneḥ «attacher», l. 91.

ser «disposer», l. 10.

sahu «chancelier», l. 81.

seḥi «sagesse», l. 14.

seheri «barque», l. 94.

sχa «mémoire», l. 15.

sχanen «renverser», l. 7.

seš «ouvrir», l. 4.

sešut «adytum», l. 104.

sek «agir, diriger», l. 95.

setur «orner», l. 112.

saṭ «pousser», l. 104.

seṭeb «vêtement sacré (?)», l. 103.

saṭ em ro, l. 5.

Š

šua «faiblesse», l. 77.

šep «opprobre», l. 128.

šemem «ferme», l. 37, 38, 109.

šerem «tirer, ôter», l. 12.

šens «byssus». l. 33.

K

 *kes* «se courber», l. 53.

Ḳ

ḳa « cesser », l. 32.

ḳaua « assiéger », l. 5, 31.

ḳap « orage », l. 27, 93, 96.

ḳer « se taire », l. 6.

T

ta « marcher », l. 6.

tap-reṭ « règles », l. 90.

tereri « monticules », l. 32.

terter-u « monticules », l. 91.

tesem « bastion », l. 88.

tesem « chien », l. 3.

Ṭ

ṭun « dominer », l. 108.

ṭerep « accomplir un rite », l. 97.

ṭeḥer « crainte », l. 135.

T′

ťar « horreur », l. 131.

ťebā-t « sceller », l. 104.

ťeru-u « limites », l. 91, 108.

ťes « profondeur », l. 72.

ťet-u « étables », l. 88.

INDEX GÉOGRAPHIQUE.

Sehat', l. 83.

Šaiukaman, l. 102.

Kame (Athribis), l. 106, 107, 108.
Kemi (Égypte), l. 8.
Kamur, l. 109.
Kahani, l. 106.

Taaara, l. 115.
Taan, l. 114.
Tauhibi, l. 99.
Taiut'ai, l. 4.
Tab-nuter (Sebennytus), l. 115.
Taneter, l. 154.
Tenteremu, l. 114.
Tahennu (Libyens), l. 11.
Takineš, l. 4.
Tatoui, l. 3, 83.
Tatehni, l. 27.

NOMS PROPRES.

www.ingramcontent.com/pod-product-compliance
Lightning Source LLC
Chambersburg PA
CBHW071059090426
42737CB00013B/2381
9782013014793